创新型
文化产业效率变革
研究

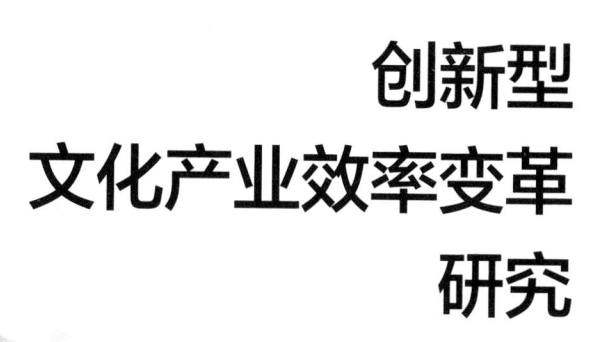

RESEARCH ON
THE EFFICIENCY TRANSFORMATION OF
INNOVATIVE
CULTURAL INDUSTRY

张肃 著

社会科学文献出版社
SOCIAL SCIENCES ACADEMIC PRESS (CHINA)

前　言

本书创新性地将演化经济学的研究范式引入文化产业效率变革的研究中，遵循"遗传→变异→选择"的演化经济逻辑对人工智能时代中国文化产业效率变革机制进行研究。同时，将技术与制度分析贯穿于人工智能时代中国文化产业效率变革的演化前提、演化基础、演化动力和演化趋势分析中。进一步，在识别人工智能时代文化产业效率影响因素的基础上，提出制约人工智能时代中国文化产业效率变革的因素，并据此提出相应的对策建议。具体的研究内容如下。

第一，本书在界定人工智能时代、文化产业效率和效率变革等概念，回顾演化经济理论、效率理论、组织变革理论和产业集群理论的基础上，对人工智能时代中国文化产业效率变革演进的典型事实进行了梳理；进一步在坚持本体论（即承认生物演化对经济演化的影响）的基础上，从技术和制度两个方面考察了达尔文主义视角下的人工智能时代中国文化产业效率变革演化机理，包括遗传机制、变异机制和选择机制，为后续对人工智能时代文化产业效率变革展开深入分析奠定理论基础。

第二，考虑到技术因素对人工智能时代中国文化产业的关键作用，本书对人工智能时代中国文化产业技术网络进行仿真模拟分析。首先，考察文化产业技术网络结构无标度网络模型的生成机制；其次，在设定文化产业技术网络结构模型参数的基础上，引入企业生命周期理论，分别分析形成期、成长期、成熟期、衰退或自我更新期的产业技术网络结构特征；最后，对上海张江文化创意产业园区技术网络结构进行案例分析，通过实例佐证人工智能时代中国文化产业技术网络演化特征。

第三，本书白描了人工智能时代中国文化产业效率变革的现状。首先，从人工智能时代文化产业生产端新业态、运营端新业态、营销端新业态、设备终端新业态和高频数据新业态五个方面，考察人工智能时代中国文化产业业态变革的现状；其次，对人工智能时代中国文化产业组织与空间形态变革的现状进行分析；再次，从文化产业技术网络结构的构成要素、影响因素两方面，对人工智能时代中国文化产业技术体系变革的现状做进一步白描；最后，基于DEA-Malmquist模型测算我国2015~2019年的文化产业效率，并对人工智能时代中国文化产业效率的演进趋势进行分析。

第四，本书创新性地考察了人工智能时代中国文化产业效率网络空间结构特征。首先，构建文化产业效率的空间关联网络和测度指标，根据修正后的空间引力模型，构建人工智能元年前后（2015年和2017年）文化产业效率空间网络，并对其网络空间结构进行节点中心性分析和块状分析；其次，对人工智能时代中国文化产业效率网络的影响因素进行QAP回归分析。

第五，引入时间和空间因素，探究人工智能时代中国文化产业效率演进的时空分异特征。本书基于中国文化产业效率的测算结果，对文化产业效率平均值进行趋势性分析和时空对比分析,并利用ArcGIS 10.2软件对中国文化产业效率变革的时空分异情形进行可视化呈现,分析中国文化产业效率呈现时空分异特征的原因,为后续人工智能时代文化产业效率的影响因素研究奠定基础。

第六,鉴于人工智能时代文化产业效率呈现时空分异特征,本书进一步对影响中国文化产业效率的因素进行分析。本书在识别中国文化产业效率的影响因素的基础上,实证检验各类要素对人工智能时代中国文化产业效率的影响,进一步从制度视角和技术视角分析人工智能时代中国文化产业效率变革的制约因素,并根据制约因素为中国实现文化产业效率变革提出相应的对策建议。

文化产业效率变革是一个复杂的演化过程,其演化过程中各构成要素之间在时空组合上呈现相互联系、相互作用的时空分异特征。文化产业作为国民经济支柱产业,在保持文化产业基本定位的前提下,正迈向高质量发展和数字文化产业快速发展的重要阶段,深层次效率变革将是未来发展的主要方向。文化产业效率变革是以发展文化产业促进经济发展方式转变,实现经济和谐发展的有效途径。如何实现和保持文化产业效率变革的准确性和科学性,需要进一步进行系统性思考。

目 录

第1章 绪论 / 001
  1.1 研究背景与研究意义 / 003
  1.2 国内外研究现状 / 007
  1.3 研究内容与方法 / 017
  1.4 本书的创新点与不足 / 020

第2章 概念界定与理论基础 / 023
  2.1 概念界定 / 025
  2.2 理论基础 / 032

第3章 人工智能时代中国文化产业效率变革的演化机理 / 065
  3.1 文化产业效率变革的前提 / 068
  3.2 人工智能时代文化产业效率变革的遗传机制 / 070
  3.3 人工智能时代文化产业效率变革的变异机制 / 076
  3.4 人工智能时代文化产业效率变革的选择机制 / 082

第4章 人工智能时代中国文化产业技术网络结构与案例分析 / 087
  4.1 文化产业技术网络结构无标度网络模型生成机制 / 089
  4.2 文化产业技术网络结构模型参数设定 / 093
  4.3 文化产业技术网络结构仿真实验设计 / 093

4.4 文化产业技术网络结构仿真结果分析 / 094

4.5 上海张江文化创意产业园区技术网络结构案例分析 / 104

第 5 章 人工智能时代中国文化产业效率变革的典型事实 / 119

5.1 人工智能时代中国文化产业业态变革的典型事实 / 121

5.2 人工智能时代中国文化产业组织与空间形态变革的典型事实 / 128

5.3 人工智能时代中国文化产业技术体系变革的典型事实 / 132

5.4 人工智能时代中国文化产业效率测算与趋势演进的典型事实 / 138

第 6 章 人工智能时代中国文化产业效率网络空间结构特征及其影响因素分析 / 153

6.1 研究方法与测度指标 / 155

6.2 人工智能时代文化产业效率的空间网络结构 / 159

6.3 人工智能时代文化产业效率的空间网络影响因素分析 / 170

第 7 章 人工智能时代中国文化产业效率演进的时空分异分析 / 175

7.1 文化产业效率平均值的时空分异分析 / 177

7.2 可视化视角下中国文化产业效率演进的时空分异分析 / 184

第 8 章 人工智能时代中国文化产业效率影响因素分析 / 197

8.1 人工智能时代文化产业效率影响因素的识别 / 199

8.2 模型构建与变量选取 / 204

8.3 实证分析 / 208

8.4 结论及建议 / 211

**第 9 章　人工智能时代中国文化产业效率变革的制约因素
　　　　与对策建议 / 221**

　　9.1　制约因素 / 223

　　9.2　对策建议 / 230

参考文献 / 244

第 1 章
绪 论

21世纪以来，中国经济蓬勃发展，各行业欣欣向荣，文化产业也逐步成为推动国家经济发展的新兴力量。文化产业一方面促进了国家经济的增长，保证了经济高质量发展；另一方面也满足了人民对精神文化生活的向往，极大地提升了中华文化在国际上的影响力。对此，本书以文化产业效率为主线展开讨论和探究，拓展文化产业效率研究边界，为促使人工智能时代文化产业效率提升提供可供参考的政策启示。

本章为全书的统领部分。具体而言，首先，从文化产业发展过程中存在的问题出发，提出本书的研究背景，明确研究意义；其次，对文化产业效率的相关国内外文献进行梳理和评述，明确本书的研究方向和研究重点；最后，提出本书的研究内容与方法、创新之处与不足之处。

1.1 研究背景与研究意义

1.1.1 研究背景

文化产业作为国家软实力的一部分和重要的经济增长点，越来越受到各国的重视。目前，从国际视角来看，国际上文化产业飞速发展，尤其是发达国家的文化产业已经处于比较高的水平。联合国贸易和发展会议报告表明，2002~2015年，全球文化产业市场增加了3010亿美元，年均增长率超过7%，同时文化产业受2008年国际金融危机影响较小，在经济发展萧条时期仍具有明显活力，因此文化产业是一个具有较大发展潜力的产业。文化产业对GDP有一定的促进作用，特别是在发达国家和一些发展中国家（如巴西），这种促进作用更为明显，贡献率超过了10%，美国的文化产业产值占其国内生产总值的11%，体量相当于世界制造业的1/5。

中国自古以来就是文化大国，并且自文化强国战略提出以来，中国的文化产业得到了快速发展，到2020年文化产业已经成为中国国民经济重要的组成部分。站在经济效应的层面分析，文化产业可以促进经济发展动力升级，促进社会经济转型，助力创新创业发展。站在社会效应的层面分析，文化产业可以满足人们日益增长的精神文化需求，提升人民群众幸福感。站在国际环境的层面分析，文化产业可以向世界弘扬中华民族传统文化，增强文化自信，提高国际地位。

但是我国的文化产业起步很晚，发展相对滞后。据国家统计局统计，2019年全国文化及相关产业增加值为44363亿元，比上年增长7.8%，占GDP的比重为4.5%，比上年提高0.02个百分点。[①] 尽管中国文化产业的发展能力不断增强，但与世界文化产业发展能力较强的国家相比，中国文化产业在数量、规模、区域协调性、创新能力等方面都有较大差距。目前，全球文化产业发展较好的国家文化产业产值占GDP的比重均超过了15%，可见文化产业对一个国家经济全面高质量发展的重要性。因此，探索一条适合中国国情的文化产业发展道

---

① 《2019年全国文化及相关产业增加值占GDP比重为4.5%》，国家统计局网站，2021年1月5日，http://www.stats.gov.cn/xxgk/sjfb/zxfb2020/202101/t20210105_1812059.html。

路至关重要。近年来，文化产业蓬勃发展，文化产业前景一片向好，文化产业集聚现象越发突出，文化产业空间结构也在逐渐演进。2017年，国务院印发《新一代人工智能发展规划》。2019年3月，习近平总书记在中央全面深化改革委员会第七次会议上明确指出，要促进人工智能和实体经济深度融合，构建数据驱动、人机协同、跨界融合、共创分享的智能经济形态。其中，人工智能作为一种创新技术对各个领域都产生了一些颠覆性影响，其近年来在技术领域取得的突破性进展也对全球产业效率变革起到了推动作用。并且随着人工智能技术与各个产业融合发展程度的加深，人工智能也促使文化产业从内容生产、创新、流通、传播以及服务等多方面发生效率变革。值得注意的是，由于当前社会步入数字化时代，文化和科技不断进行深度融合，文化产业也倾向于数字化转型。2017年文化部首次提出"数字文化产业"这一概念，2021年文化和旅游部推出"上云用数赋智"。这些概念的提出意味着在5G、云计算、大数据等数字技术引领下，文化产业在产品、服务、业态、发展方式上不断创新，文化产业互联化程度也越来越深。

2020年，中国文化产业新业态特征明显，相关性较高的16个行业小类营业收入高达31425亿元，较上年增长了22.1%。其中，互联网其他信息服务、其他文化数字内容服务、互联网广告服务、娱乐用智能无人飞行器制造、可穿戴智能文化设备制造等行业小类的营业收入增速均超过20%。[①] 这些数据充分表明，在经济新常态背景下，以人工智能为代表的智能技术体系将从广度和深度上深入影响

---

① 《国家统计局社科文司统计师辛佳解读2020年全国规模以上文化及相关产业企业营业收入数据》，中国企业新闻网，2021年2月2日，http://www.gdcenn.cn/a/202102/498121.html。

中国文化产业的发展。人工智能技术能够赋能传统文化产业，改变传统文化产业的经济要素分配方式，成为传统文化产业转型升级和文化产业效率变革的主要推动力。因此，了解人工智能对文化产业效率的影响情况，研究人工智能对文化产业效率变革的演化机理与时空分异特征，对促进中国文化产业升级、提高人工智能时代中国文化产业效率具有重大意义。

1.1.2 研究意义

随着人工智能等新兴技术的不断发展，其在文化产业各个领域的影响作用日益显现。本书引入创新性方法，从技术和制度两个视角对人工智能时代文化产业效率变革的演化机制、变异机制和选择机制进行探究，提出人工智能时代中国文化产业效率变革的制约因素及对策建议，具有重要的理论价值和实际应用价值。

1. 理论价值

中国文化产业效率变革已无法回避人工智能时代的加成作用。本书将"人工智能时代"视为推动中国文化产业效率变革的变异因素，进而展开演化范式研究，揭示人工智能时代中国文化产业效率变革的遗传、变异和选择机制，拓展文化产业效率研究的边界，这是本书的第一个理论价值。

本书采用"遗传、变异、选择"的演化分析范式，打破了静态均衡分析范式的研究局限，推动文化产业效率变革研究从"时间、空间"分析向"质态"分析转变，这是本书的第二个理论价值。

本书采用可视化的方式，测度与评估人工智能时代中国文化产业效率变革的时空分异程度，探寻阻碍人工智能与文化产业融合发展的因素，这是本书的第三个理论价值。

2. 实际应用价值

明确人工智能在中国文化产业效率变革过程中的积极作用，将为中国文化产业质量变革、动力变革与效率变革的最终实现指明可行路径，提出人工智能时代文化产业效率提升的对策，这是本书的第一个实际应用价值。

深化人工智能与文化产业对接，能够有效提高文化产业不同内容、形式之间的融合程度和转换效率。它既有助于提高文化产品的质量，丰富其内涵，又有利于文化产业供给侧结构性改革的有序推进，这是本书的第二个实际应用价值。

1.2 国内外研究现状

文化产业发展至今，国内外诸多学者从不同角度对文化产业效率进行了研究。本书依据研究框架，从人工智能时代文化产业发展问题、文化产业效率变革演化问题、文化产业效率的时空分异、文化产业效率的测度与影响因素等方面对现有文献进行梳理和评价，为后续研究提供文献支撑。

1.2.1 人工智能时代文化产业发展问题研究

我国有关人工智能时代文化产业发展问题的研究刚刚兴起。而国外学者对此的研究展开较早。Brynjolfsson（1993）认为，人工智能的发展对生产效率确实有正向的促进作用，但是由于人工智能技术发展成本较高，只有少数企业能够实现与人工智能技术的融合发展，进而提升企业效率、为企业带来好处。Zeira（1998）认为，生产率与自动化程度也表现为正向的相关关系，当一个企业自动化程度越高时，其生产效率也会表现出越高的水平。Lee（2009）以韩国音乐产业为代表，对音乐产业与数字化技术展开研究，指出数字化技术对音乐产业内部结构产生了深远影响，也促使人们对音乐服务和产品的体验方式发生前所未有的变革。Kromann等（2011）通过人工智能技术对自动化过程进行量化分析，对世界多国多个行业进行实证分析发现，当企业自动化水平提高时，制造业企业的产出水平提高8%~22%。Gordon和McCann（2016）站在生产率悖论的视角分析了美国经济的长期变化趋势，发现当前的技术发展对文化产业效率的促进作用是十分有效的。人工智能不仅可以使文化产品生产者更好地洞察用户需求（臧志彭、解学芳，2019）、提高赢利能力（Arsenijevic，2019；Shahzad et al.，2017），而且能够使文化产业的创新价值链得到重塑（李凤亮、宗祖盼，2016；Hervas-Drane and Noam，2017）。人工智能中的数据处理、语音与图像识别、机器学习和智能算法可以聚合文化产业潜藏的价值信息（刘雪梅、杨晨熙，2017），带动数字出版、动漫网游等文化产业新业态智能升级（Comunian et al.，2015），并使文化产业呈现组织柔性化、内容定制化、生产模块化和集聚数字化的全新发展特征（周锦，2022）。肖兴政等（2018）指出，人工智能与其他产业融合发展确实能够改变生产和管理，从而实现文化产业效率的变革。成胤钟（2018）根据智慧图书馆将传统图书馆与人工智能技术融合发展的例子，进一步证实了人工智能技术的引入可以在一定程度上提高其运行效率。刘洋和杨兰（2019）结合"多彩贵州"的例子，指出各项技术和产业的融合发展能够推动企业内部的创新，促使企业转型升级。黄岚（2020）认为，人工智能技术是当前阶段文化产业发展的创新驱动力，但是文化创意内容仍是文化产业发展的核心，另外各个产业之间相互渗透、融合发展也可以促进文化产业效率变革。

1.2.2　文化产业效率变革演化问题研究

20世纪20年代，"演化"思想正式诞生。凡勃伦在《经济学为什么不是一门演化科学》中提及，经济制度的本质就是演化着的过程，静态分析只能解释经济活动变化发生后的均衡状态，不能分析变化发生的过程（Veblen，1989；Witt，1997）。80年代，"演化范式"开始应用于经济问题的动态特征分析（Nelson and Winter，1982）。现代演化理论秉承达尔文的自然选择学说，主要包含"遗传、变异、选择"三个机制。Bishop和Brand（2003）指出高比例的公共财政资金投入和志愿者活动对博物馆技术效率具有负向影响。杨祖义（2016）指出人力资本、经济发展水平、文化体制因素和文化产业集聚促进了中国文化产业效率提升。江小涓和王红梅（2018）则认为网络技术可以摆脱中国文化产业长期低效的窘境。郑洋洋（2018）根据对重庆市各产业数据的分析，发现科技企业与文化产业之间存在一种相互作用力，通过对科技与文化产业结构的调整促进双方融合发展。Kunii等（2019）以日本富士通为例，发现人工智能技术、大数据能够促使企业实现数字化转型。孙国锋和唐丹丹（2019）以我国2006~2016年30个省（区、市）（除西藏及港澳台）的面板数据为基础，发现文化产业与高新技术的融合发展可以提高企业创新能力，从而促使文化产业从内部实现结构变革，同时两者的融合发展具有比较明显的交互作用。人工智能技术与文化产业内部要素深度融合发展可以促进文化产业效率变革。Barrio-Tellado 等（2020）以美国舞蹈公司为例，运用 DEA 模型测算了经济与社会效率，指出文化产业的内容创新能力是影响文化产业效率的核心因素。Masumi 和 Kazuaki（2020）以日本非物质文化遗产为例，发现人工智能技术对传统文化产品的生产率有比较明显的促进作用，也可以促进文化产品的再创新。边璐等（2020）以我国西部地区为例，指出西部地区文化产业发展应该关注的重点仍是规模效率。

1.2.3 文化产业效率的时空分异研究

进入 21 世纪，学者们开始关注文化产业效率的时空分异研究。蒋萍和王勇（2011）发现，我国文化产业投入产出效率的优化程度在不断提高，各年份效率总体呈上升趋势。但是区域间文化产业发展差异较大，东部、中部和西部地区间的文化产业效率存在较大差距，东部地区最优，中部地区次之，西部地区最低（彭继增等，2018；Liu and Li，2019）。南方城市比北方城市的文化产业运行更有效率，海滨城市相对内陆城市更有效率（范晓男等，2017；祁述裕、王斯敏，2018）。从文化产业子行业来看，文化制造业综合效率呈现"西低东高"的阶梯式分布，文化批零业和文化服务业则整体呈现"低集中—高分散"的空间分异特征（郭淑芬、郭金花，2017）。诸多学者也阐释了我国文化产业效率时空演进的影响因素。其中，国家政策和文化体制改革是导致文化产业效率波动和转变的主要原因（吴慧香，2015；Thaler，

2018)。对外开放程度也将造成区域间文化产业效率差异（李佛关、郎永建，2016；吕洪渠、董意凤，2018）。同时，经济发展因素、文化体制因素、科技创新因素均将显著影响文化产业的区域差异，但文化产业空间溢出效应则有利于缩小区域间的文化产业差异。与此同时，文化从业人员短缺（Pratt，2005；王欣、徐明，2015）、规模效率不高（郭淑芬等，2015）、纯技术效率低（高云虹、李学慧，2017）也是造成我国西部地区文化产业效率低于东中部地区的重要原因。

1.2.4　文化产业效率的测度与影响因素研究

1. 文化产业效率的测度

王家庭和张容（2009）在对环境因素进行剔除的条件下，利用三阶段DEA法测度分析了我国2004年31个省（区、市）的文化产业效率。从全局视角来看，我国文化产业规模效率和综合效率处于较低水平，但是有较高的纯技术效率，反映了我国文化产业在管理技术方面比较成熟，但是文化产业总体发展水平仍然处于初级阶段。下一步，我国必须继续保持扩大文化产业规模。从区域视角来看，我国东中西部地区之间的文化产业发展水平以及文化产业效率存在显著差异。郭国峰和郑召锋（2009）借助主成分分析法提取相关因子作为评价指标，采用数据包络分析法（DEA）对中部6个省份的文化产业效率进行深入评价。马萱和郑世林（2010）以1998~2006年我国文化产业相关数据为基础，运用DEA模型对我国文化产业效率进行测度与分析，结果表明，1998~2006年，我国文化产业的规模效率、纯技术效率和综合效率都有比较显著的提升，但是技术效率仍有较大的提升空间。另外，该实证结果也表明地区经济发展水平对文化产业发展效率有明显的促进作用，同时，东中西部地区之间的文化产业效率差异也在逐步缩小。张仁寿等（2011）运用DEA超效率模型和CCR模型测度了13个省市的文化产业效率，实证结果表明，广东省的文化产业效率总体较高，在13个省市中名列前茅，但是也面临着创新性不足、缺乏投入产出等问题。蒋萍和王勇（2011）在不考虑随机因素和环境因素的情境下，以我国31个省（区、市）2008年文化产业相关数据为基础，运用DEA模型对其展开分析，并与沿海省份的文化产业效率进行对比分析。实证结果表明，我国多数省份的文化产业发展相对滞后，文化产业效率处于较低水平，导致这一问题的原因是我国文化企业虽然数量较多，但是普遍规模很小。郑世林和葛珺沂（2012）以我国1998~2009年的文化产业相关数据为基础，运用DEA-Malmquist指数法对文化产业全要素生产率进行计算和分析，结果表明，深化体制改革对于文化产业全要素生产率有比较明显的促进作用；从区域视角分析，东部地区由于文化产业技术效率较高，全要素生产率明显高于西部地区。王家庭和高珊珊（2012）运用三阶段DEA方法对我国2004~2009年的农村文化产业效率进行测度，结果表明，我国农村文化产业效率整体偏低，其内在原因是农村文化产业规模很小，在一定程度上抑制了文化产业的发展。从区域视角分析，农村文化产业效率最高的是中部地区，东部地区次之，西部地区处于最低水平。何里文等（2012）以我国2005~2009年文化产业相关数据为基础，运用Malmquist指数法对其效率进行了测度，从整体角度分析，我国文化产业效率呈现逐年上升的趋势；从区域视角分析，东西部文化产业效率存在较大差距。揭志强（2013）以我国2004~2008年文化产业数据为基础，采用Bootstrap-Malmquist指数法对文化产业全要素生产率进行测度，发现文化产业全要素生产率不断增加，导致其增加的主要原因是技术进步；从区域视角分析，中部地区文化产业全要素生产率增长速度最快，东西部地区次之。乐祥海和陈晓红（2013）采用 SFA 中的 CSSW、KSS、CSSG 模型测度了我国文化产业效率，并与利用 DEA 中 BC 模型测度的文化产业效率进行比较分析，发现因为内生性的存在，CSSG 和 BC 模型得到的结果可信度低。另外两种模型的测度结果表明，我国文化产业效率处于较低水平，资本投入是文化产业效率的主要影响因素之一。孙丽华和唐天伟（2015）以我国 2006~2012 年省域文化产业数据为基础，采用数据包络分析法对其进行测度，实证结果表明，我国文化产业发展缓慢，整体处于较低水平，东部、中部、西部以及东北四个区域的文化产业效率存在巨大差距。这主要是原因我国幅员辽阔、各种资源分配严重不均，同时西部地区因为经济发展比较滞后、科技发展水平不高等原因无法对文化产业资源进行充分挖掘。他们提出，要对文化产业资源和市场进行挖掘，对产生的文化产业发展机遇应该珍视，不仅要提高整体的文化产业发展效率，也要重视区域之间的差距。国家根据不同区域的不同情况实施有针对性的政策建议，同时也鼓励民营文化企业发展，促进各省文化产业齐头并进，缩小文化产业区域之间的发展差异。

2. 文化产业效率的影响因素

马跃如等（2012）借助极大似然估计法对我国文化产业效率的相关影响因素进行阐述分析，结果表明，社会资本、文化事业单位数量、市场化程度以及人均文化娱乐消费支出对我国文化产业效率有显著的促进作用，而文化事业费占财政支出比例、信息化程度以及人力资本对文化产业效率没有显著影响。袁海和吴振荣（2012）

将文化产业影响因素划分为产业政策、人力资本、市场需求、集聚经济与企业规模五个方面，同时通过实证分析发现，不同区域各个影响因素的作用效果也不一样，人力资本、集聚经济以及产业政策对东部地区文化产业效率有显著的促进作用，但是对中西部地区的作用效果并不明显，市场需求对三个区域文化产业效率的作用效果均不显著。董亚娟（2012）研究了产业基础设施、经济发展水平、产业政策、城镇化水平和市场文化需求5个因素对文化产业效率的影响，实证结果表明，这5个因素对文化产业效率均有显著影响。李兴江和孙亮（2013）通过实证研究发现，技术进步、文化体制以及经济发展水平对我国文化产业效率有显著的正向影响。黄永兴和徐鹏（2014）指出，提升交通通信水平、促进文化产业集聚、加大政府财政扶持力度对文化产业效率有改善作用。王家庭和张浩若（2014）以环渤海地区城市为研究对象，研究发现，提升文化产业竞争力、培养高素质人才、扩大对外开放有助于提升环渤海地区文化产业技术效率。赵阳和魏建（2015）的实证结果表明，政府财政支出、市场化程度、信息化水平、城镇化水平对文化产业技术效率的提升都有显著的正向影响。郭启光（2019）运用三阶段DEA模型对2015年我国西部民族地区的文化产业规模效率、纯技术效率以及综合效率进行测度分析，实证结果表明，随机因素和环境因素对文化产业效率存在显著的影响。杨祖义（2016）以2000~2013年省级文化产业数据为基础，运用DEA-Malmquist指数法测度了文化产业效率，并利用SYS-GMM方法进行实证分析，发现文化产业集聚、文化体制因素、经济发展水平以及人力资本对文化产业技术效率的提高有显著的正向作用。彭连贵等（2018）基于Pearson相关系数和DEA模型对上海2005~2015年11年间的文化产业效率进行测度，并对其影响因素进行分析。实证结果表明，上海文化产业效率处于较高水平，其中规模效率的作用大于技术效率；三次产业的产值、文化事业费以及文化产业增加值对文化产业效率有明显的促进作用。雷宏振和李芸（2020）以中国31个省（区、市）2013~2017年的数据为基础，采用Super-SBM模型对文化产业发展效率进行了测算，并对其影响因素进行了梳理分析。实证结果表明，我国文化产业技术效率整体偏低，提升技术效率是提升文化产业效率的关键所在；人力资本水平、文化产业创新能力、科技创新水平以及产业集聚均会对文化产业效率产生显著影响。王家庭和梁栋（2021）以1998~2018年中国各省（区、市）的文化产业数据为基础，运用泰尔指数、核密度估计以及SBM模型等多种方法测算了文化产业效率，并对其影响因素展开分析。实证结果表明，在测度期间，我国文化产业效率总体呈现上升的趋势；人力资本、文化产业基础设施、文化市场需求潜力以及文化单位数量对我国文化产业效率存在显著影响。薛宝琪（2022）基于河南省18个市2012~2019年的文化产业数据，运用DEA-BCC模型测算了文化产业效率并对其异质性进行了分析，然后运用Tobit模型对其影响因素进行实证分析。实证结果表明，河南省18个市的文化产业效率全部处于较低水平，可提升空间巨大；另外，各个市之间文化产业发展也不均衡，文化产业效率存在比较大的差异；18个市的文化产业效率存在显著的空间异质性；政策支持、资源禀赋、人力资本、科技水平、信息化程度以及经济发展水平对文化产业效率都有显著的影响。韩海彬和王云凤（2022）采用纵横向拉开档次法和MinDS模型对经济增长与文化产业效率进行了测度，随后利用耦合度模型对经济增长与文化产业效率的耦合性进行了分析。实证结果表明，在测度期间，经济增长与文化产业的测度指数呈现上下波动，处于不稳定的状态。黄辰洋等（2022）以 2011~2018 年我国 31 个省（区、市）的相关数据，对文化企业的集聚情况进行了测度，并以此为基础运用 SFA 方法对技术效率进行了测度。实证结果发现，在测度期间，我国文化产业技术效率总体上呈现下降的趋势，文化产业的集聚现象存在一定的空间效应，对文化产业的发展有正向促进作用，同时，制度环境、技术环境、市场环境以及融资环境也会对文化产业技术效率产生显著影响。周佰成和阴庆书（2023）以我国 30 个省（区、市）的数字技术发展指数和文化产业效率为基础，运用空间计量模型测度了数字技术对文化产业效率的溢出效应。实证结果表明，我国文化产业效率受到数字技术的影响，但是作用效果比较微弱；从空间角度分析，本地区的文化产业效率会受到技术效率的促进作用，但是其他地区的文化产业效率会受到本地区数字技术的抑制作用。所以，数字化基础设施建设、文化资源与科技资源的区域配置以及相关政策的颁布实施应该成为政府关注的重点。

综上，学术界对以上问题的研究取得了一定成果，具有良好的参考价值，但相关研究在以下三方面仍显薄弱：①虽然中国文化产业的智能化改造正如火如荼地进行，但有关文化产业效率的理论研究却尚未涉及人工智能时代这一重要的环境因素；②现有研究更侧重于对文化产业效率时空演进趋势的表象分析，忽视了对其变革规律的内在探索；③前人习惯在"均衡"范式下利用静态回归分析去探寻产业效率提升的答案，但这一研究范式却无法合理解释中国文化产业效率变革的时空分异成因。故本书力求在"遗传、变异、选择"的演化范式下对人工智能时代中国文化产业效率变革问题进行研究，从而为中国文化产业优化发展提供理论指导。

1.3 研究内容与方法

1.3.1 研究内容

1. 人工智能时代中国文化产业效率变革的演化前提

人工智能时代中国文化产业效率变革的实现需要满足一定的演化前提。①技术层面：本书从人工智能的算法处理、仿生识别、深度学习等学理性角度出发，探析其在动漫网游、数字出版、移动传媒、旅游出行等文化领域的介入方式。本书亦对应收集整理了人工智能时代中国文化资源高效整合、文化产品个性化定制与文化产业链重塑的典型实例。②制度层面：本书细致梳理中央、地方的人工智能政策与文化产业政策，并通过实地调研和访问约谈的形式，探析各地相关制度的推广与落实情况。③市场需求层面：本书对我国文化消费的规模和结构进行量化研究，进而洞察人工智能时代我国文化消费的全新发展趋势与科技化特征。

2. 人工智能时代中国文化产业效率变革的演化基础——遗传机制

基于演化经济理论，遗传是产业效率变革的逻辑起点，即便步入人工智能时代，中国文化产业依然保有机械型文化技术、电力型文化技术和电脑网络型文化技术时期的路径依赖因素。因此，首先，本书总结文化技术与文化政策演进在我国文化产品创意理念、生产周期、生产质量、表现形态与客户体验等层面的影响，进而基于投入产出视角明确我国文化产业的效率构成。其次，本书分别从技术与制度转换成本、规模收益递增效应和行为主体的认知局限三个层面，阐释中国文化产业效率变革技术路径依赖与制度路径依赖的形成原因，从而探明人工智能时代中国文化产业效率变革的演化基础。

3. 人工智能时代中国文化产业效率变革的演化动力——变异机制

基于演化经济理论，变异机制意味着新经济基因将改变文化产业的固有属性与状态，路径依赖将被打破，路径创造得以形成。数字智能型文化技术作为刺激元，将为文化产业打开新的机会窗口，引致影视传播、音像出版、旅游休闲、博物馆档案等众多文化业态的升级、重塑，故变异机制是人工智能时代中国文化产业效率变革的演化动力。因此，基于技术与制度协同演化视角，短期来看，本书将从政府管制放松、文化产业技术与制度转换成本降低和资源配置能力提高等角度，阐释中国文化产业纯技术效率和规模效率变革的演化机理；长期来看，本书将从人工智能打破文化产业内部的认知局限、形成规模收益不变效应和文化产品有效供给的角度，还原中国文化产业综合效率变革的演化过程。

4. 人工智能时代中国文化产业效率变革的演化趋势——选择机制

基于演化经济理论，选择机制讲求物竞天择、适者生存，即应用于文化产业的人工智能技术与制度的适应性强弱，将决定人工智能时代中国文化产业效率变革最终的演化趋势。人工智能时代，数字智能型文化技术尚未成熟，相关行业监管标准缺失、知识产权界定模糊与信息茧房效应均将阻碍中国文化产业效率变革的实现。因此，本书利用耦合协调度模型测度人工智能技术、制度与文化产业的耦合协调程度，进而深入挖掘人工智能时代中国文化产业效率变革的制约因素，为其最终的演化趋势确定与相关对策建议的提出指明方向。

5. 人工智能时代中国文化产业效率变革的时空分异研究

本书利用 DEA-Malmquist 模型和可视化分析，揭示人工智能时代中国文化产业效率变革的时空分异特征。首先，本书选取 2016 年人工智能元年为分界点，形成对照组与实验组，对比分析人工智能因素对中国文化产业效率变革的演化影响。其次，本书将利用 DEA-Malmquist 模型，对中国文化产业效率的真实值进行测度，并利用 ArcGIS 10.2 软件对中国文化产业效率变革的时空分异特征进行可视化呈现。最后，本书将对照人工智能时代中国文化产业效率变革的演化前提与"遗传、变异、选择"机制，对其时空分异特征给出合理解释，进而为推动区域文化产业更好地与人工智能技术融合、实现效率跃升提供理论指导。

1.3.2 研究方法

本书遵循了演化经济学的分析范式，但在研究方法上融合了传统计量经济学的相关模型，从而实现了理论分析与实证检验的有机协调。

1. 生物演化分析法

本书将演化经济学的分析范式贯穿通篇研究，基于"遗传、变异与选择"机制,完整还原了人工智能时代中国文化产业效率变革的演化基础、演化动力与演化趋势,并形成了有针对性的对策建议。

2. 实证分析方法

本书利用专利分析与文本挖掘法对人工智能数据加以获取;运用社会网络分析方法测度效率网络空间结构;借助仿真模拟方法研究文化技术网络;采用 QAP 回归分析方法测度效率网络影响因素;选择 DEA-Malmquist 模型测算中国文化产业效率,并借助 ArcGIS 10.2 软件对人工智能时代中国文化产业效率变革的时空分异特征进行可视化呈现;运用面板模型分析人工智能时代中国文化产业效率的影响因素,为寻找制约中国文化产业效率提高的因素提供经验证据。

1.4 本书的创新点与不足

1.4.1 本书的创新之处

在研究视角上,既有文献多从传统文化产业的视角对效率变革问题进行研究,而本书专注于人工智能时代这一重要的环境因素视角,将"人工智能时代"视为推动中国文化产业效率变革的变异因素,进而展开演化范式研究。本书有利于拓宽并丰富既有的研究视域,具有一定的学术创新价值。

在研究问题上,现有研究更侧重于对文化产业效率时空演进趋势的表象分析,忽视了对其变革规律的内在探索。本书采用"遗传、变异、选择"的演化分析范式,打破了静态均衡分析范式的研究局限,推动了文化产业效率变革研究从"时间、空间"分析向"质态"分析转变,具有一定的学术创新价值。

在研究内容上,本书测度人工智能时代中国文化产业效率变革的时空分异程度,探寻阻碍人工智能与文化产业融合发展的因素,在"遗传、变异、选择"的演化范式下对人工智能时代中国文化产业效率变革问题进行研究,从而为中国文化产业优化发展提供理论指导。

1.4.2 本书的不足之处

本书首次使用演化经济学中的达尔文分析框架对我国人工智能时代文化产业效率变革的演进情况进行分析,单就使用达尔文分析框架研究我国文化产业效率的文献并不算少,但使用演化经济学来分析人工智能时代我国文化产业效率变革的文献却寥寥无几,因此本书可参考的文献有限。

由于人工智能时代文化产业发展的有关研究刚刚起步,2016年我国进入人工智能时代的元年,涉及时间范围短,各省份数据更新时间并不一致且具有一定的滞后性,真正涉及人工智能的数据仅有5年,因此本书的数据资料收集可能不够充分,难免有所遗漏。

第2章
概念界定与理论基础

本章在对人工智能时代、文化产业效率和效率变革进行概念界定的基础上，对演化经济理论、效率理论、组织变革理论、产业集聚理论进行梳理，为下文对人工智能时代文化产业效率变革展开深入分析奠定理论基础。

2.1 概念界定

2.1.1 人工智能时代

人工智能，简称 AI，是由美国达特茅斯学院 John McCarthy 等人在 1956 年举行的达特茅斯会议上首次提出，刚出现时仅仅作为一门学科，是计算机领域的一个重要分支，研究的主要内容是专家系统、图像识别、自然语言、语音识别以及机器人等，在实际生活中具体体现为一套能够自动识别和感知，并且可以在感知识别之后对其进行学习和思考最终做出判断的程序。人工智能涵盖范围主要包括人工智能相关理论和相关应用技术，以及运用计算机技术进行人工智能仿真训练，让计算机能够模仿人的思维方式进行识别、认知、学习和思考，并且借助其他技术手段帮助机器实现和人一样处理问题。

人工智能根据智能化程度可划分为超人工智能阶段、强人工智能阶段和弱人工智能阶段。超人工智能是由牛津大学人工智能领域专家 Nick Bostrom 第一次明确提出。他指出超人工智能不仅是能够和人类一样识别、学习和思考，甚至是在所有领域全面超越人类，在科学创新、逻辑思维和社交能力等方面有显著差异。强人工智能是由约翰·罗杰斯·希尔勒首次提出。他指出只要技术条件充分、程序正当，机器也可以进行思考，有自己的思维方式。强人工智能的智能程度弱于超人工智能，它是当前最有可能被制造出来用于推理和解决实际问题的智能机器，基本拥有和人类一样的能力，可以拥有独立意识，完全模仿人类思维方式进行识别、学习、思考，独立形成解决问题的行动方案并付诸行动，最终也会逐渐具备自己的世界观、价值观，和人类相比除了形体差异，其他并无差异。弱人工智能是智能化程度最低的一类智能机器，该类人工智能已经大量运用到我们的生活中，如智能电视、扫地机器人，甚至近年来战胜围棋世界冠军的 AlphaGo 也属于弱人工智能的范畴。弱人工智能和强人工智能区分的主要界限是能否自主思考，AlphaGo 虽然能够战胜人类，但它只是根据提前设定的程序进行计算，而没有自主思考的能力，所以它仍然是弱人工智能。思维，是人类独有的对客观事物进行独立思考并做出快速反应的能力，其既需要一定的经验和知识储备，也需要以身体感知和大脑认知为基础。目前，人工智能还处于弱人工智能研究阶段，强人工智能的研究还没有开启。马克思指出，人类的本质是社会关系的复杂加总，这种社会关系是建立在传统的人与人之间的交互关系上的。因为人具有思维的特殊性，所以至今人工智能各领域专家都对强人工智能以及超人工智能保持质疑的态度。因此，本书指的人工智能具体涵盖的是弱人工智能领域，不涉及强人工智能和超人工智能。

  人工智能时代的来临，不仅分化了产业结构，同时也使劳动力的整体结构发生了巨大改变。与传统劳动力相比，人工智能时代的弱智能机器劳动力具备以下特征：第一，弱人工智能机器只是按照严格的程序进行工作，只要其进行的活动满足自己的程序逻辑以及具备相关的条件，弱智能机器劳动力就可以不停歇地工作；第二，人工智能劳动力有强于常人的计算能力，并且可以实现多线程的批量运算；第三，人工智能对工作环境的要求没有那么严苛。不同于人类，人工智能机器可以长时间在比较恶劣的环境或危险的环境中工作，在未来可以代替人类从事一些高危活动。人工智能具有成本优势、效率优势与安全优势。

人工智能时代表现出智能劳动力占比逐年上升的趋势。随着人工智能技术的快速发展和应用，简单劳动力市场遭受了严重冲击，传统的重复体力加工劳动（工厂流水线上的装配工人）和简单的脑力运算活动（售货员）都逐渐被弱人工智能机器取代。因此，现在乃至将来，社会对纯体力劳动者的需求将会逐渐下降，对脑力劳动者的需求会大幅提升，特别是对管理人才、科研人才以及技术人才的需求将会成为未来发展的主流趋势。所以，相关的劳动者应该务必重视知识与技术的学习，提升自身不能被弱人工智能取代的思维能力，从而达到更好适应未来工作角色而不被人工智能取代的目的。在人工智能时代，创新一词越来越凸显。对于人工智能时代所运用的弱智能化机器，由于受到软件、硬件和程序的限制，其目前只能从事简单重复、有规律性的活动，无法对时刻变化的环境和数据进行独立运算与思考，在未来一段时间内都将无法取代情感交流领域、管理方面、创新领域以及战略思考中的人类工作者。因此，具备自主学习、思考和处理问题能力的强人工智能是未来发展的主流方向。未来的劳动者既需要学习与人工智能相关的技术，也需要具备能够操纵人工智能机器、自身灵活思考并解决问题和不断创新的能力。人工智能时代对劳动者的要求不断提高,要求劳动者多元化发展,需要知识型与技能型融合发展的复合型人才,既能实现硬件操作也能实现软件开发。另外,随着信息技术与通信技术的迅速发展,越来越多的劳动者更加满足和适应人工智能时代的市场需求。所以,市场作为劳动者的主要选择媒介,劳动者需要不断通过学习来提升技能水平、思想观念以及综合素质能力,才能满足人工智能时代发展的需要。

2.1.2 文化产业效率

西方经济学家萨缪尔森(Samuelson,1948)提出,效率意味着能够最大化地利用投入要素,具体来讲,只要在经济生产体系中不存在投入要素置换的情况下,就不会存在产出要素的改变,即经济运行中每一次生产都在其生产可能性边界上。中国经济学家刘鹤等(1999)指出,效率可以理解为资源的利用程度,即经济社会对现有资源的分配方式所形成的生产结果能否满足经济社会的总体需求,可以用投入资源与满足程度的比值来表示。结合文化产业的相关解释,本书所理解的文化产业效率为,社会经济在文化产业中投入的劳动力、资本等要素对人民群众的文化产品与服务的需求的满足程度。生产率是最终产出除以平均投入加权值的结果,研究生产率一般从全要素生产率和单要素生产率两个视角出发。两个视角都是以投入产出比为基础对生产效率进行研究,两者的最大区别在于前者涉及资本、劳动力等各方面的要素,后者只是从单个要素进行分析。而在实际生活中,研究生产率时往往会涉及各种生产要素。某种单一的生产要素无法全面准确地衡量生产率,存在明显的不足,所以目前大都采用全要素对生产率进行研究。本书也是采用文化产业的资本、劳动力、技术等全部生产要素对文化产业生产率进行衡量。

1. 文化产业全要素生产率

全要素生产率需要借助生产函数计算投入和产出的比例来进行量化，但是实际生产函数存在以下三点不足：第一，数据收集测度时，相关信息无法被研究人员完全获得，存在很大程度的主观性；第二，全要素生产率的测度要保持规模报酬不变假设；第三，各方面要素对全要素生产率的作用机制、作用方式以及投入量都存在显著差异，是一个非常繁杂的过程。全要素生产率变动指任意两个相邻的时间段生产情况可能发生的改变。文化产业全要素生产率变动指数代表文化产业特定生产阶段与上一阶段的全要素生产率变化情况。如果该指数等于1，代表文化产业全要素生产率在该时间段没有发生变化；如果该指数大于1，则表示文化产业全要素生产率在该时间段上升了，反之则说明降低了。

2. 文化产业技术效率

文化产业内资源配置的合理程度以及经济规模的合理程度反映了经济主体的管理能力，而政策与制度对这种管理能力有着十分重要的影响，这种对既定要素最优配置的能力可以用技术效率表现。文化产业技术效率是用来反映在既定的技术水平下，文化产业中要素投入比例最优化的能力。当文化产业技术效率大于1时，文化产业技术效率提高，反之则降低；当其等于1时，文化产业技术效率不变。

3. 文化产业纯技术效率

纯技术效率代表产出水平一定时，生产前沿面上的点的最小投入量除以实际投入量的值。文化产业纯技术效率则是指在文化产业产出水平一定时，文化产业相关生产要素最小投入量与实际投入量的比值，代表文化产业在技术和管理水平一定时的生产效率，也可以反映文化产业实际生产活动中相关生产要素是否被充分利用。如果文化产业纯技术效率等于1，说明其有效；否则，说明文化产业相关要素的利用效率还没有达到最佳水平。

4. 文化产业技术进步效率

文化产业效率受到投入要素质量、技术水平、资源配置效率、规模经济以及政策制度等因素的影响，其中投入要素质量的提高以及技术水平的提升可以视作广义上的技术进步。文化产业技术进步效率是用来反映文化产业中技术进步情况的效率指标。当其大于1时，表示文化产业技术进步；反之，则文化产业技术退步；当其等于1时，表示文化产业技术不变。

5. 文化产业规模效率

规模效率代表一定产出水平下，生产决策的技术边界上相关要素投入量除以生产前沿上理论最小值的结果。文化产业规模效率是指文化产业生产决策的技术边界上相关要素投入量与生产前沿上理论最小投入值的比值，反映文化产业的生产规模是否处于一个最佳区间。如果文化产业规模效率的值为1，代表文化产业生产成本处于最佳状态，规模有效；如果文化产业规模效率的值大于1，代表文化产业生产成本不处于最佳状态，规模逐渐扩大，即如果进一步投入会导致产出以更大比例增加。

2.1.3 效率变革

分工效率处于斯密效率体系第一层级，重点关注专业化分工对劳动生产率的促进作用，具体表现为技术创新和劳动熟练度对效率的影响效果。张国强（2011）指出，内外分工能够促进产业向专业化发展，加快具备竞争优势的产业组织的演进速度，扩大规模效应和规模经济产生的影响。依照斯密的思路，市场竞争效率处于第二层级。当"经纪人"拥有最大化的"自由"支配权时，分工越合理，工艺流程越完善，交换越频繁，市场竞争也将越彻底。在这样的自由思想下，"看不见的手"给社会的资源合理配置铺平了道路，人们逐渐将目光聚焦于在一定技术水平下，投入要素在分配过程中产生的效益问题。蔡芳（2017）从人力资本初次分配的视角研究了中国经济改革的效益，注重完善激励机制、纠正价格信号、摆脱规章制度壁垒是中国三大产业劳动生产率的正确抉择。由于古典经济学包括出清的市场假设，宏观经济具备长久的动态均衡发展趋势。宏观经济效率继承斯密自由经济的相关理论，从供需的角度看，价格机制既决定了资源集聚和流动方向，而且可能产生规避市场"产能过剩"和"资源闲置"的作用效果。

产业效率变革是根据斯密效率体系中的分工、市场竞争与市场出清等概念进行界定的。最初，产业效率的变革以劳动生产率的变化为基础，从职责分工和生产方面进行分析，效率变革意味着产业技术创新能力明显提高，产业分工更加精细，产业体系化运作更加成熟；而且，产业效率的变革应表现为资源配置更加合理，能够对现行政策存在的不足进行补充，清除规章制度阻碍，为产业市场竞争提供更加自由宽松的环境，财力、物力、人力的再次融合也会带来显著的规模经济效应。最终，产业效率的变革要体现为消费市场的深层次需求得到满足，产业效率变革的本质要求是能够生产出满足市场需求的产品，市场出清情况也说明管理方法、生产、营销是能够相互匹配协调的。另外，效率变革就是为了消除各种制约效率变革的影响机制。将有效市场与有为政府相结合，能够增强公司活力，改进供给与需求结构，提升效率。辛国斌（2022）指出，第一，坚持不懈地构建公平公正的市场环境，加速要素市场改革创新，发挥市场经济对要素的缓冲作用，持续推进体制改革、放管结合、提升服务质量、改革创新；第二，坚定不移地优化结构，推进淘汰落后产能工作，重视传统制造业升级改造与新型产业培养相结合；第三，自主创新思路，向加工制造业配置优质要素。

综上可见，产业效率变革是一个综合且多元的系统工程，它与技术水平、制度限制和消费需求等因素存在着密切联系。

2.2　理论基础

2.2.1　演化经济理论

演化经济理论是现代西方经济学创新的一个重要学派，其起源可以追溯到马歇尔（Marshall），但是演化经济思想的毁灭性创新原理是由熊彼特（Schumpeter）首次提出。马歇尔指出，因为人类受利益的驱使，研究经济学将核心重点放在了损失和利益的相关方面，从而不断推进经济学的变化、发展。但是，马歇尔并没有为此指出一条切实可行的理论路径。相反，他却把研究重点放在了理性经济主体、市场均衡和代表性厂商等与古典经济学密切相关的核心领域，这明显与经济变迁思想的解释相背离。对这一现象比较合理的解释是：马歇尔提出毁灭性创新理论的相关思想只是为了追求社会达尔文主义和斯宾塞主义的经济生物学概念的"时髦"。紧随其后，熊彼特在其著作《经济发展理论》中首次提出了经济变迁和进步的相关解释理论。

熊彼特1908年在维也纳大学矿山投资论文中完成了他划时代的新理论。他主要是以帕累托新古典经济学为理论基础。区别于奥地利学派，他开创了维也纳经济学派。在分析古典经济学相关理论时，尤其是对经济怎样失衡以及怎样再次回归平衡的问题进行研究时，他以独特的视角发现了被传统理论忽视的一些因素。传统经济学没有对打破均衡并导致经济发生变化的原因进行分析，所以熊彼特试图从此着手进行研究以弥补现存空白。他以企业家的创新动力为基础工具，揭示了一种全新的理论，将经济发展定义为持续的重构和扩张的过程。虽然他的理论最开始只是为了对商业周期进行相关解释，但是其立足点却解释了由经济系统内部原因导致的经济变迁。在熊彼特开创的新理论中，正是由于经济系统的内部原因，一种自我改革突破过程的创新，是其演化理论的核心内容。

1. 熊彼特传统：演化经济理论溯源

熊彼特是最早提出经济演化思想理论的经济学家之一。但是，最开始他只是为了对商业周期的不稳定性进行相关解释。随后，他发展了一种企业相关理论，认为经济系统内部的原因导致了经济变迁。企业家被视为一种特殊资源，企业家行为特指具有一定创新性的行为。但是，他认为企业家和社会特殊阶层的特殊动机是社会经济变革的主要动因。熊彼特主要研究了企业家社会背景及心理动机。并且熊彼特将企业家成就定义为较容易得到的发明和创造的相关信息。

在熊彼特利用创新行为对商业周期的不稳定性进行分析后,学术界开始深度思考与讨论相关问题。没有合理的理由指出,企业家控制的特殊环境能够对创新行为周期和创新循环方式进行合理解释。所以熊彼特为解决这一问题提出了更为复杂的理论模型。熊彼特指出,企业家的能力也是有所区别并且不断变化的,不同时期遇到的相关问题也是处于不断变化的过程中。只有那些最富有能力和聪明才智的创新型企业家才可以面对不同时期出现的各种问题并且不断克服它们,但是这样的企业家数量是极其有限的。但是,不同阶段的问题被解决后,企业家的能力和聪明才智可能就不再被需要,也会随之出现许多人去争相模仿和学习同样的能力,这就会导致模仿问题的出现。另外,集体经济行为也会受到乘数效应的影响,导致任何同类问题都会变得简单起来。因此,为了给先驱企业家创造一个大胆尝试的机会,必须确保一个可信的评估状态,这种状态在早期只能够出现在静止状态下。熊彼特这种相对复杂的理论假说涵盖了企业家的群体表现,如果前一阶段的群体被淘汰出局,便会有新的群体出现并创造相对的创新繁荣。同时,熊彼特早期学说也存在一些不足,例如过度强调企业家角色导致个人主义,这引发了理论界更多的思考和质疑。纯粹的企业家理论对于演化经济理论固然非常重要,但是其也只是一个比较片面狭隘的基础,只会招致更多难以接受的悖论。

熊彼特因为过度重视企业家角色的创新行为,所以低估了其他小范围的创新行为。直接引用生物学的相关概念,很难避免渐进主义与突变主义的选择。产品的创新、技术的小范围创新乃至重大创新都常常会引起比较大的争论。并且仅仅将重点放在企业家身上往往容易使人忽略制度和创新行为等其他比较重要的层面。当熊彼特将关注点放在企业家能力和愿望上时，显然对知识创造性和新奇性的作用产生了忽视。这造成了内生性原因不能对经济变迁起到很好的解释作用甚至有所偏离。新知识是怎样被创造出来的？又是为什么被创造出来的？采纳、开发和研究具有怎样的联系？这些重要的问题都被忽视了，没有得到合理解释。随后，熊彼特改变了之前过分关注企业家的观点。他再一次明确地提出先驱企业家们面对受过专业教育的专家以及集体组织时不再有效，并且会逐渐过时。以前强调的个人英雄主义也逐渐被集体创新所取代。在摒弃以心理学为背景的企业家理论后，熊彼特的理论遭到了新古典学派学者的攻击。他认为创新是有路径依赖的，是不间断的，贯穿于产品生产、销售等全过程，并且使该过程和相应的经济组织发生比较大的变革，因此垄断也就作为必然产物诞生了。这也对新古典经济学非常完美的竞争性静态均衡模型产生了巨大冲击。新古典经济学家总是不断努力尝试重铸创新行为均衡投资和创新博弈等关键性概念。从另一个角度来讲，熊彼特也尝试用这些新的观点解释新鲜事物是如何在经济中出现的。1942年熊彼特摒弃个人心理和企业家角色的理论假设，这为淘汰片面的新古典工具、运用新工具解释经济进步和变迁打下了坚实基础。

熊彼特的理论中没有为行业创新系统和市场结构的相互关系给出理论依据，这进一步限制了其理论模型的经验性成果。他提出了数量、独立性、市场结构、创新的关联性以及重要性等多项问题，其目的是进一步发掘更加令人满意的衡量尺度。并且熊彼特理论的追随者为了进一步改进和优化其理论基础，做出了多方面的尝试。但是对于创新博弈和创新目的的相关理论都因"创新的特征都是被决策者知晓的，并且他们能对此做出最积极的反应"这个前提假设而存在严重缺陷。实际上，大家一致认为企业创新者都会追求一样的创新，并且这些创新很难被具体感知预测。在极其不透明甚至近乎黑暗的环境中探索知识结构问题存在严重的缓慢性和滞后性。因此，两个似乎毫无关联的理论模型再一次被牵连在了一起：关于经济学类比于自然选择观点的争论。

2. 纳尔逊-温特模型：功利主义的市场演化进程

温特和纳尔逊以熊彼特理论为基础产出了涵盖《经济变迁的演化理论》的一系列影响深远的著作和论文。他们的学说还涵盖了行为理论和企业组织理论等许多经典理论，特别是源于自然选择模型以及卡内基的松散类比理论。正是由于这种综合方法，熊彼特许多被忽略的思想再一次被后人提及。例如，熊彼特未对企业分配是怎样运作的做出具体阐述，温特和纳尔逊便为此提供了相关理论模型进行解释。他们以卡内基的有限理性为理论基础，并且将构建在一般模式、秩序层次和行为管理基础上的实体视为企业组织。理性行为规则贯穿企业的生产计划、价格确定乃至基金分配等各个领域。在对生物理论中的再生产结构和厂商理论关系进行实证研究后，温特和纳尔逊进一步将生物自然选择理论中的惯例理解为基因型。如果被遗留的成功惯例不会因环境而改变，现实意义上的扩张可以理解为基因相关频率的增长，而在企业中逐渐失去效用的衰败惯例不能够实现进一步扩张。根据相关令人满意的理论假设，进一步对由衰败导致的改进惯例相关有意识的经济变迁现象进行讨论研究。

温特和纳尔逊通过诸多仿真实验得出的结论是，他们的实证研究结果不能够为熊彼特的创新理论提供支持。行业中关注的程度相对于垄断实践来说，属于创新导致的结果，而不是所谓的前提条件。在以隐晦模仿为特定基础时，这个结果是在意料之中的，并不出乎意料。但是，温特和纳尔逊通过论述组织、惯例以及进化学说阐述了创新行为的理论可行性。随后，其他学者进一步继承、优化和壮大了他们的理论学说。因此，达尔文的选择学说也再一次被经济学家们拾起，这一部分尚且归属于生物学的扩展领域。并且因为主观错误和认知范围受限，被经济学家常常利用的个体理性假说在现实中很难实现，因此，演化经济理论不得不依赖更为复杂的竞争选择理论。

关于市场演化问题，各位专家学者关注的重点各不相同，并且所持态度也不尽相同。与其他学说一样，一个新的学说的建立以及被其他人接受是需要一套可信的基础理论作为前提的，然后在此理论基础上进一步对市场制度和市场进程进行讨论。关于市场进化理论，各位经济学家大致持有以下三种观点：第一种认为，市场演化是在遵循市场进程中的规则的同时，探讨总体有限理性的竞争性选择角色的轨迹；第二种认为，演化经济既是一种信息的传导机制，同时也是一种检验制度，强调市场系统的有效性和作用力度；第三种认为，市场演化具有新奇性，例如市场竞争的指导，强调来自妥协性合作和竞争性适应的相互作用。

就个体视角而言，经济主体不作为和作为的基础条件是不确定性和知识积累，因此个人在学习能力确定的情况下，状态怎样改变结果的问题就应运而生了。但是新古典经济学派指出，人们对从理性陷阱的可能性和社会悖论中综合发展出来的贝叶斯学习过程非常认可，在这一时期，几乎全部的经济个体都将模仿着进行合作，以至于最终实现他们想要达到的某种均衡状态。所以，我们可以很容易发现这种理论对更为复杂、更加深层次的变迁将不再有解释意义。适应性已经导致了更大的变迁，所以更为复杂的变迁只能来源于外部而不是自发的。

温特和纳尔逊将变迁理论定义为，为了达到一个较优的变异程度，不同经济个体在实现目的的过程中产生的学习存在一定的差异性，演化经济的核心内容既涵盖知识的扩张也涵盖新奇观念的产生。赛克曾公开反对没有深入思考的假定，比如决策者面对的替代物（更多技术上的状态空间）总是事先给定，决策者学习的总是与利益有关的可能适应途径。相反，他认为主观想象中可供选择的（未来）替代物是可以被创造和扩展的，这是人类决策者最显著的能力之一。无论什么时候创造意识被导入，新创造观点的主观性都不得不被接受。个体的主观性是很难被重建和具体化的。这对个人理解的范围进行了明确界定，但是扩大总体水平上的分析也是极其重要的。在进行选择的过程中，经济主体或有意或无意地相互施加强制约束，这些约束决定了哪些行为是可以被容忍的，甚至是能够被回报的。没有个人动机的知识和参与主体的观点分析，理论只能是苍白的。

2.2.2 效率理论

效率问题也是经济学研究的重要议题。生产效率是指资源（包括人力、物力、财力资源等）开发利用的效率，它反映资源配置状况、生产手段的技术水平、劳动力的素质等因素对生产活动的影响程度，是技术进步对经济发展作用的综合反映。

1. 效率

所有经济学都是以基本假设为基础，相关假设主要包括理性经济人假设、资源的有限性以及经济资源的使用存在机会成本。根据经济学的基础假设，经济效率一般是指成本一定时收益最大化或是收益一定时成本最小化。

"效率"一词已经普遍出现于社会经济生活的方方面面和各个领域，而且在经济学领域，"经济效率"一词的基本适用范围也非常广泛。效率通常是代表更好地、更充分地利用现有资源或是对资源的节约利用。但是，"效率"一词最初来源于物理学领域，它涵盖两个层面的内涵：一是资源投入一定的情况下投入与产出的比值；二是时间一定的情况下投入与产出的比值。通俗易懂的理解即为两个流水线工人在特定时间内生产的产品数量存在差异，直接说明他们的效率存在一定的差异；另外，假设两个人生产数量相同的产品所耗费的时间有多有少，同理也直接说明他们的效率存在一定差异。

综上所述，效率是一种衡量资源使用情况的指标。从资源配置的视角出发，效率即产出水平一定时，最大限度地追求最小化成本；也可以是在成本一定的情况下，最大限度地追求最大化产出。在经济学史上不同的时期，各个经济学家对效率的具体概念的认识存在显著差异，并且在具体实践中各个专家学者不断尝试新的分析路径。效率思想萌芽于古希腊时代，柏拉图、亚里士多德等人在其著作中，曾分别对生产效率进行过简单的描述。欧洲文艺复兴时期，法国重农学派创始人魁奈首次相对规范地提出了生产效率的概念，并将之应用于农业生产领域。伴随经济学理论的发展，学术界对效率的认识和评价也发生改变，因此，随后我们将对不同发展阶段的经济学理论与效率相关理论进行梳理。

2. 古典经济理论思想与效率论述

西方古典经济理论认为财富增加主要源于生产活动领域。古典经济学派专家指出在社会经济生活中，如果想要扩大生产，就首先要进行资金和技术的积累，最终实现生产方式的优化改进以达到提升劳动生产率的目标，最大限度地为社会经济创造价值。西方古典经济理论已经将生产率和效率提升到了一个新的高度。尽管专家学者仅仅只是关注土地、劳动力以及资本的作用，但是当时他们对"单要素效率"的作用已经十分推崇，尤其是对资本生产率和劳动生产率十分认可。

威廉·配第（William Petty）1662年在《赋税论》一书中指出"土地是财富之母，而劳动是财富之父"。他认为，劳动才是商品价值的根本来源，商品最终价值量的多少取决于生产其所必须投入的劳动量。他认为一国或一区域实现财富增加的关键是提高劳动生产率。他指出劳动生产率越高，生产相同产品所必需的劳动力越少，成本也越低，最终产生的利润就会越多。除此之外，他指出能够使国家财富大幅增加的还有相关技术和科学创新活动，所以国家应该重视科学技术和教育事业的发展，培养新型人才。后来，马克思以配第的劳动价值论为基础，建立了全新的马克思主义学说。此后，劳动生产率作为评价国家竞争力的重要产出指标得到广泛应用。

亚当·斯密（Adam Smith）1776年在《国富论》中用理论与实践相结合的方法对英国资本主义经济增长问题进行了全面的研究与探讨。他根据"人都是自私的"这一市场基本原则，重点指出市场中的每个人都可以自由地追求属于自己的利益，促使个人财富不断增加，最终实现全社会财富的迅速积累。另外，这也会使劳动生产率或劳动率提升、劳动数量增加以及在业工作人员劳动时间增加。但是，想要雇用更多劳动力，增加劳动人数的前提是有大量资本的积累。所以，斯密把资本积累和提高劳动生产率看作财富增长和积累的根本源泉。18世纪中叶，科技发展十分滞后，其对经济增长的促进作用微乎其微,所以斯密指出,通过实行劳动分工促进劳动生产率提高最终促进经济增长。斯密指出,在一个生产技术完全相同、人数密集的工作环境中,对工人的工作进行合理分工,不仅可以提高工人的劳动熟练度,还可以丰富工人对专业知识的储备,有利于直接提高工人的劳动生产率,增加社会财富。同时,斯密也认为资本的积累可以导致社会财富的增加。而且斯密在配第的基础上对科学技术促进劳动生产率提高进行了进一步的论证。他认为,"机械的更新、技巧的进步、作业上更妥当的分工,无一非改良所致,亦无一不使任何作业所需要的劳动量大减"。除此之外,斯密还对生产活动以及非生产活动影响国民财富的情况进行了分析,发现增加生产活动劳动力、减少非生产活动劳动力,可以在一定程度上节约生产投入,对增加国民财富有一定的促进作用。

大卫·李嘉图(David Ricardo)也指出资本积累是国民财富增加的根本源泉之一,利润转化为资本其实就是一个资本投入和累积的过程。利润转化为资本的速率越快,国民财富的增加速度就越快。他于1817年在《政治经济学及赋税原理》中尝试性地证明利润增长、资本积累和生产率之间的相互关系。他还指出地租、利润、工资三种社会基本收入中,利润的作用最为明显。只有当利润增加时,才能实现更多的资本积累,提高劳动生产率,创造更多的国民财富。并且,他还指出了财富增长的两种方式:第一种是用资本积累维持更多生产性劳动力以增加更多的产品输出;第二种是保持劳动力数量不变,采取分工、技术改进等手段提升劳动生产率以达到增加产品数量的目的,但是该种方式仅仅增加产品数量,不会导致总价值量的增加。

在此期间,各著名经济学家也逐渐认识到劳动、资本等投入要素决定了经济增长,同时他们也认识到提高单要素生产率有利于经济增长。但是，他们对资本积累的认识存在一定的不足。例如，他们认为只要增加资本投入，资本积累就会增加，就相当于提高了利润。所以，那一时期的所有经济学家都非常关注资本积累对经济增长的作用。萨伊将资本积累放在了一个非常高的地位，为此提出了"供给创造需求"的"萨伊法则"，即阐述了供给能够为自身创造需求，无论资本以怎样的速度扩张，无论生产出来多少数量的产品，都不会出现滞销问题，也不会产生社会经济问题。同时，萨伊也对劳动创造价值的观点持有不同意见。他认为自然力、资本、劳动协同作用才是财富和价值的源泉。同时，他还强调要大力促进教育与科学事业的发展，支持构建自由竞争的市场，反对政府过度干预。显而易见，在萨伊的观点中，教育水平、科学技术水平以及生产率的提高只是实现资本积累的一个过程和手段。

综上所述，我们发现古典经济学家对通过劳动分工提高劳动生产率的观点以及资本积累与经济增长的"宏观经济学"都非常关注。通过整体梳理分析发现，古典经济学家的效率思想与重农学派的观点有异曲同工之处，但是古典经济学家把资本、资源和土地系统视为生产要素并放入整个生产过程，产出利润、工资收入以及租金收入是其最大的创新点与贡献。他们的思想对马克思主义及现代经济思想产生了重大影响。

3. 新古典经济学的效率论述

经济学中经常提到的"效率"一词本质是资源配置是否合理的问题。以资源具有稀缺性为基础前提，对于有限的资源，生产什么样的商品、怎样去生产、生产的过程中以什么样的比例去配置资源，这些都是我们必须面对的资源配置问题。因此，我们常在经济学中提及的效率也就是资源配置的效率问题，即各种有限资源配置到何种生产活动中、具体配置多少等问题。从狭义的角度讲，我们通常所说的生产效率就是资源的使用效率，表示特定国家、区域或者生产单位以什么样的方式分配和运用这些一定数量的资源，最终追求有限的资源实现最大的效用。我们应该尽最大的努力降低资源浪费的比例，实现一定量的要素投入产出最大的价值，确保生产率的提高。效率的另一种定义是如何选择资源配置的方向和具体地方，即帕累托效率，是一种经济剩余的变化。帕累托是第一位观察到这一经济现象的学者。站在消费者视角，就是收入水平一定时，大家靠商品组合才能实现效用最大化；站在生产者视角，是在生产成本既定的前提下，需要实现产出产品数量或者利润最大化，而且只有当二者在完全竞争市场中一起满足时才能出现帕累托有效。在理论界，新古典经济学的专家学者将第一种效率定义为生产效率，将后一种效率定义为经济效率。

经济效率代表一种市场效率，是相关资源和要素在不同行业或部门自由流动，最终实现资源的有效配置。帕累托最优的实现必须以完全竞争市场为前提条件，然后具备以下三个必要条件：①对于消费者，任意两种产品的边际替代率与价格的比值相等，并且产品价格及其比率对人和消费者相同；②任何一个生产者对任何一种投入的购买都必须使任何两种生产要素的边际技术替代率同价格之比相等，并且任何生产要素的价格及其比率对任何生产者都相同；③任何两种产品的边际转换率等于它们的边际成本之比。效率的自我实现只有在完全竞争市场才能出现，然后进一步促进社会资源合理配置，推动实现社会公平。另外，经济效率的高低也可以通过经济剩余进行判断，效率越高的社会，其社会福利最终也将达到最大化。

生产效率代表一种组织效率，它的主要实现手段是对生产技进行改良、对管理方法进行优化。其中的组织大可以大到一个国家，小可以小到一个地区或者一个企业，它们都是通过对比投入和产出来实现对效率的判断。所以可以简单表述为要素投入水平一定时，实现产出水平最大化，或者是产出水平一定时，实现要素投入最小化。并且一个经济系统必须有生产要素的投入才会有最终的产出，产出不会凭空产生，其中投入与产出的比值就是这个生产系统的生产效率。同时，生产效率本身也有两个层面的含义：一是机器设备视角，表示其做的有用功占所做总功的实际比例；二是工人视角，表示工人在一定时间内生产出多少产品。总的来说，效率是一个机器或者一个人工作时的产出量与投入量之比。但如今的工业体系是一个社会分工明确的协作体系。如果投入一定量的生产要素，其产出的量很难从总产量中分离出来。因此，现代社会衡量效率多从整体去考虑，此时的效率就变成一个体系的总产出量与总投入量的比值。但是，现代经济系统十分复杂，仅仅从个体角度去考虑生产效率缺乏一定的现实意义。随着社会经济的发展、科学的进步，人们对生产效率的认识逐步提高，这使经济学家们提出了更加科学合理的测度方法。

站在国家视角，提高一国效率水平，对国家综合竞争力有一定提升作用，尤其是在如今全球化的大背景下，国与国之间存在激烈的竞争，如果一国在效率方面存在明显优势、经营能力较强，那么其在国际市场中就占据一定的主动权与话语权；站在企业视角，如果一家企业的生产效率得到提升并且高于同行业其他企业，那它便可以凭借效率优势获得竞争优势，使企业利润水平高于其他企业，使企业在市场中更加有利可图；站在消费者视角，国家或者企业生产效率的提高，使竞争加剧，商品成本下降，消费者可以享受低廉的价格以及更多的商品和福利；站在劳动者视角，生产率的提高，可以促使企业改善工作环境，提高工资和福利；站在政府视角，政府可以以有限的资金为基础，为社会提供更多更好的服务，更高效地执行社会发展项目。

4. 新古典经济增长理论的效率与生产率论述

1954年，希朗·戴维斯（Hiam Davis）在《生产率核算》一书中指出，产业部门投入的资源量会影响生产率的变化，投入和产出的计量单位必须统一为美元，并且考虑市场价格的波动性，引申出两套分别用于动态和静态的计量方法。他也指出对全要素生产率的衡量一定是对全部生产要素进行计算，不是简单地对部分生产要素进行加总。例如，劳动生产率是对劳动这一要素的测算，而全要素生产率是对资本、劳动、技术以及原材料等所有生产要素的投入与产出进行测算。他首次对全要素生产率进行了明确界定，因此被西方学者称为全要素生产率的开创者。罗伯特·索洛（Solow，1957）提出一个生产要素可相互替代的生产函数，把产出的增长表示成劳动投入、资本投入和技术进步的函数，并假定满足规模报酬不变、生产者均衡以及技术变化中性等条件。将生产函数两边对时间求导，再同时除以产出，这样"技术进步"的变化就可以用产出的增长与资本和劳动增长的加权平均之差来核算，显然技术进步就是发现的不能被投入要素所解释的"剩余部分"，也称为"索洛剩余"。"索洛剩余"是我们所忽略的部分，这一部分不仅有技术进步的成分，还包括其他我们所需要的技术效应、创新、制度改进等，以及不需要的部分测度误差、加总偏误、遗漏变量和模型误设等。从这个意义上看，把"索洛剩余"称作技术进步显然是不合适的，它包含着远比技术进步内容广泛得多的内容。对生产率的认识达到一个"里程碑"的是Jorgenson和Griliches

(1967)。他们提出一个假设：既然全要素生产率是由资本和劳动投入等要素增长所无法解释的产出增长的剩余部分，那么经过认真、仔细地鉴别和测度相关影响变量，最终"索洛剩余"会消失。因此，这一认识绝对是一个非常吸引人的想法。经过认真地度量和纠正生产函数形式的误差，至少可以去除"索洛剩余"中我们所不需要的部分，得到我们真正需要的那部分。Jorgenson 和 Griliches（1967）还指出，资本和劳动投入应包括用于技术创新的投入。他们还证明了如果投入中支出的社会收益率等于私人收益率，那么对经济增长的贡献或影响就能够核算出来，"索洛剩余"中创新部分就消失了，如果两者不相等，那么创新部分就是外部效应的结果。Jorgenson 和 Griliches 将新古典生产函数纳入索洛研究的框架中，介绍了一系列测度影响变量的方法。当这些工作完成后，他们发现正如他们所料，"索洛剩余"几乎消失了。

很显然，新经济增长理论的经济效率概念，从数理意义上说，是一种边际含义，统称为边际生产率，有时称为边际实物产量，强调了生产效率的复合性、动态性等特点。生产率有单要素生产率和全要素生产率之分。它的含义和范畴显然要小于生产效率或效率，但是由于索洛赋予全要素生产率以技术进步和"索洛剩余"等含义，对它的度量的相关研究成为20世纪下半叶最具有争论的话题之一。

5. 现代经济理论的经济效率论述

在西方经济学中，Farrell（1957）是最早对经济效率理论展开系统研究的学者。他认为相关企业或者部门的效率涵盖两个方面的内容：第一个方面是配置效率，第二个方面是技术效率。技术效率代表企业或部门在一定生产要素投入条件下的最大产出能力；配置效率代表价格和生产技术水平一定的条件下，企业或部门控制最佳投入产出比例的能力。技术效率和配置效率的总和即代表企业或部门的经济效率。

Whitesell（1994）指出，经济效率是用来衡量在经济环境和生产目标既定的情况下企业或部门生产能力的大小，即在一定条件的生产可能性曲线上的最优点，其主要涵盖配置效率与技术效率两部分内容。配置效率代表将所有生产要素按照成本最小的方式进行配置组合，也就是要求在不同要素配置环境和方式下边际要素替代率一致。技术效率代表在一定投入要素和技术水平下，潜在产出水平和实际产出水平的比较情况。在实际生产生活中，每种生产活动都包含一定的技术效率和配置效率，只是有的企业或部门技术效率比较高、配置效率比较低，或者是有的企业或部门配置效率比较高，但是技术效率很低，很难对技术效率和配置效率进行明确区分。Mao 和 Koo（1997）、Li（1994）认为，经济效率代表一个企业或部门在将成本控制在最低时或特定生产水平条件下的产出能力大小。这种成本可能来源于配置效率或者技术效率低下而增加的额外成本。所以经济效率是一个涵盖两种效率的更加广泛的概念。技术效率是指一个企业或部门在成本投入最小的条件下生产一定水平的产出。例如，在现有的生产技术环境下，用有限的机器和工人完成尽可能多的任务。而配置效率则是指企业或部门怎样使用确定生产要素的最佳比例去生产一定水平的产出。Kalirajan（1990）指出，经济效率是一个包含配置效率和技术效率的综合指标。如果一个经济决策单元既有配置效率，也有技术效率，则可以称该经济单元为经济有效。配置效率代表在现有市场要素供给水平下，企业或部门为了获得最大利润而使用的要素投入产出比例。技术效率即在技术水平和生产环境一定的情况下，投入一定量的生产要素生产最大可能产出的能力。

从本质上说，西方经济效率理论的经济效率概念与新古典经济理论、新古典增长理论中的概念是一致的，其方法仍然是以数理推论和实证分析为主，并建立在一些严格的假设基础之上，没有摆脱新古典分析的框架。然而，正是由于上述对效率与生产率理论的认识与发展带动了对效率和生产率实际运用及度量的发展。

2.2.3 组织变革理论

1. 组织变革的内涵与分类

J. D. Ford 和 L. W. Ford（1994）认为变革现象与时间紧密相关，是人们所了解的一个事件变为另一个事件的具体过程。具体来说，在具体的组织情景下，变革代表着一个组织的形态、特点或情景在各个时间节点是存在差异的，具体表现在组织职责、组织结构、资源配置、领导以及成员等多个层面的改变。伴随多元化、复杂化和经济全球化的发展趋势，应对变革的能力已成为确定组织生存和核心竞争力的关键因素。组织变革也成为管理与组织科学研究的热点话题，吸引了越来越多学者的青睐。

前人采用多种不同视角对组织变革进行了研究，有一阶变革、二阶变革，也有能力损耗变革、能力强化变革以及突变式和渐进式变革、不连续变革与连续变革。Weick 和 Quinn（1999）通过总结分析前人研究成果，对组织变革进行了重新划分，认为组织变革主要包含两部分——连续性变革与片段式变革，并以代理人角色、干涉理论、组织隐喻等理论为基础对二者进行深入分析。

对比发现，片段式变革指出惰性是组织的一大特征。组织往往只有在不能及时适应环境变化时才会发生变革。变革需要外部环境的推动，是一种有目的、有方向地对现有状态的偏离。想要对变革进行干预必须严格按照 Lewin（1951）所指出的"解冻—变革—冷冻"的线性流程。变革代理人的作用主要体现在为组织变革发现要点，使组织变革有方向、有意义。连续性变革则指出变革不是只出现在某一阶段或某一时刻，而是时时刻刻都在组织内部发生。它是由组织内外部环境的不断变化引起的，是一种在工作和实践中不断总结、修正与优化的过程。而此时的变革干预就是一种对组织变革的定位与方向进行持续修正、优化的过程，包含儒家思想所涉及的次序性、周期性、追求均衡和永恒持续等特点，整个过程基本按照"冷冻—再平衡—解冻"的流程持续进行。变革代理人的主要任务是不断给予变革意义、不断修正变革方向，从不同角度去认识、突出和再造现存比较稳定的工作模式，同时对抑制成员学习进步和知识转化的环境因素进行调整。对比分析两种变革方式不难发现，片段式变革注重从宏观角度、全局视野把控变革，认为变革只是一个时间点或者一个时间段采取的适应外部环境的行为；连续性变革注重的是一种微观角度、局部视野，强调一种连续性，认为组织变革是一种存在于组织成长始终的适应内外部环境变化的过程。

前人对组织变革的研究，从不同分类的视角展开，各类学者也根据研究的前提和理论基础差异逐渐被划分为几个代表学派。Freeman 等（1983）认为组织变革理论可以划分为三个主要流派：理性适应理论、随机变革理论以及种群生态理论。理性适应理论强调组织变革是组织对内外部环境变化、挑战和机会实施的有针对性、有目的的改变；随机变革理论指出，变革是一种对组织内生过程做出的应变反应，但是这些变革与环境变化和领导意图的改变并不存在非常密切的关系；而种群生态理论则指出，变革来源于新组织的诞生对旧组织的替代，过程并不表现出计划性，而是由"变异—选择—遗传"的自然选择路径来实现的变革。

在以上研究的理论基础上，为了对其产生原因和发展过程有更进一步的了解、更深度的研究，Van De Ven 和 Poole（1995）从单一变革单元或多个变革单元，预先确定变革模式或主动构建几个视角综合考量，对主流的理论和变革模型进行了梳理回顾，总结了变革理论的各个研究视角、动力机制和作用过程，涵盖演化、辩证、生命周期和目的等多种视角。

当多个实体共存时，多适用辩证理论与演化视角，解释的是变革的群体劳动力特征。演化视角按照种群生态学"变异—选择—遗传"的流程进行，组织成员只能够被动地接受选择的过程，而自己却很难做出改变，成员之间也会因资源稀缺而发生激烈的竞争，最终优胜劣汰，只有那些更加适应环境变化、赢得竞争的成员才能得以发展和生存，而那些不能迅速适应环境变化的成员最终只有面临被淘汰的命运。变革就是在这种变化、选择中持续不断、周而复始的累积而发生的。而辩证理论指出，组织处于一个多元的世界，各种不同的价值观、事件之间产生激烈碰撞与冲突，争夺控制权与主导权。辩证视角指出至少存在两种矛盾的实体，只有当它们不同的价值、事件获得充足的条件和力量足以改变现状时才会发生变革。所以，辩证强调群体实体间的竞争与冲突，指出变革是实体构建与互动的结果。

单一实体主要是从生命周期和目的视角展开分析。其中，生命周期视角认为，存在一套固定的逻辑、程序潜在控制着组织的发展和变革过程，促使组织从某个阶段上升到一个更高的阶段。并且这些阶段之间存在互为前提、密不可分的序列关系，组织仅仅能够去适应序列，而很难促使其发生改变。在现实中，制度规定、法律要求以及自然规律都会在一定程度上影响组织发展的生命周期。而目的视角强调自主性，指出组织在发展的过程中不仅只是遵循潜在的形态、逻辑和程序，也会存在多种不同路径，组织可以根据内外部环境和自身发展状况以及最终目标在多种路径之间进行选择。

2. 组织变革的过程、系统和动力模型

组织变革理论将关注重点放在了变革的内在流程上，并以此为基础诞生了一系列理论模型。按照分析的内容差异将已有模型划分为三大类：过程阶段模型、系统构成模型和变革动力模型。

（1）过程阶段模型

过程阶段模型是最为经典的模型，也是运用最为广泛的模型，是Lewin（1951）提出的"解冻—变革—冷冻"三阶段模型。尤其是在西方的政治经济环境下，该模型对促进组织变革研究做出了巨大贡献，并且产生了深远影响。具体来说，"解冻—变革—冷冻"的循序展开构成了三阶段模型，并且对组织而言，不同的阶段都有不同的任务、职责和使命。首先是解冻阶段，组织在这一阶段的首要任务是清除变革的阻碍因素，并通过指出组织变革可能面临的关键问题和挑战促使成员深刻认识到变革的必要性，改变成员现有思维模式，为变革创造有利条件。其次是变革阶段，在该阶段，结构调整、流程再造是所需的核心技术，重点任务是培育新的价值体系和行为模式，促使组织实现新旧运作模式的转变。最后是冷冻阶段，如果组织与新运营模式相适应，也就意味着即将进入冷冻阶段，需要将新模式与组织结合，逐步将其内化到组织文化和成员的具体行为中去，确保新模式与组织深度融合，为组织发展续航，直至下一次变革的发生。

Wang（2012）立足中国国情，对中国企业组织变革进行研究，提出了适用于中国情景的组织变革模型，主要涵盖"适应—选配—发展"三个层面。第一个层面是适应，"适应"代表组织变革初期对企业内外部环境以及关键问题的掌控程度，重点任务是将变革嵌入组织发展过程中，进一步构建特定时期、特定情境下的价值观导向，具体措施包括文化宣传、团建以及培训等，做到迅速提升状态为变革做出充分准备。第二个层面是选配，"选配"主要体现在组织成长过程对于不同情景下选取的不同变革行动，涉及的具体措施有前期规划、干中学以及反馈机制，协调各个行动。第三个层面是发展，"发展"是在前两个层面的基础上对某一目标的达成情况，它既是该阶段的结果，也是下一个变革的前提阶段。组织不仅可以不断完善该阶段促使相关目标的实现，同时可以结合当前情景为下一步变革做出调整、指明方向。Wang（2012）指出，组织变革其实就是一个"适应—选配—发展"不断交替发展的过程。组织一方面需要持续观察企业内外部环境变化，另一方面需要具有主动性和前瞻性，并能够不断根据环境变化做出适应性改变。ASD模型以中国为研究背景，为中国企业组织变革和发展问题的研究提供了具体的分析框架和模式。

应该重点关注ASD模型的适应阶段关于情景嵌入的思想，该思想已经逐渐成为组织研究的热点趋势之一，取得了越来越多国内外学者的关注。另外，Child（2009）探讨了我国管理研究存在的问题，指出西方与中国在政治、经济、文化各个方面呈现显著差异，所以在研究组织变革问题之前需要对研究情景进行非常明确的分析与界定，否则，将西方情景下的理论模型简单粗暴地复制到我国的组织变革研究中，产生的理论成果将会严重背离中国实际，对具体实践缺乏指导意见，因而，关注理论模型研究的同时，对情景特征的分析与界定也是研究的重点领域。

（2）系统构成模型

组织变革总体来讲是一个系统而繁杂的循环过程，涵盖组织活动的各个层面以及组织活动的一系列职能，所以，唯有组织变革的相关要素得以明确，变革才可能得到持续有效的推进。关于组织变革在系统方面的构成情况，Burke 和 Litwin（1992）、Robertson 等（1993）、Vollmann（1996）提出了具有典型性的理论模型。

Burke 和 Litwin（1992）指出，组织变革由交易变革和转型变革两大部分组成，同时涵盖了 12 个相关要素的模型。首先，交易变革涉及的要素涵盖组织系统、组织架构、工作环境、实践以及个人的价值观、需求、激励机制、任务和技能等方面，最终是为了实现个人和组织绩效的优化。而转型变革主要受到外部环境变化的影响，组织通过观察外部环境的变化对组织内部的环境和活动做出调整，使组织内外部环境交互协调。同时，转型变革最终导致的是企业使命、战略、文化等方方面面的升华。另外，发生改变的这些因素都是组织变革的基础。因此，战略性与长期性是组织变革的典型特征，同时也会在一定程度上影响交易变革。与转型变革相比，交易变革注重短期的调整与协调，而组织内部各项活动实现互惠的过程是推动变革的关键机制。从系统来看，Burke 和 Litwin（1992）认为组织变革模型是一个涵盖交易变革要素和转型变革要素的系统，外部环境是组织变革的主要驱动力，组织内部各个层面的要素配置和变动是其发展变革的内在推动力。

Robertson 等（1993）认为，组织是成员工作和活动的主要情景，变革涉及的是组织对情景的干预和调整。他们采用元分析发现，在组织内部关系中，四类情景的协调配合可以在一定程度上提升个人绩效以及组织绩效,优化技术、组织安排、工作情景和社会环境。其中,技术强调工艺流程和岗位协调,重点聚焦投入与产出等相关要素;组织安排强调员工激励和组织架构,重点聚焦企业组织和控制正式存在的相关要素;工作情景主要强调组织活动过程中相关物理情景发生的改变;社会环境强调成员之间以及成员与领导之间的交互过程、企业文化等,重点聚焦团队与个体具有的特征。四类情景联系密切,所以组织对其中一个情景进行调整也会直接或间接地影响到另外三个情景因素。Robertson 等(1993)指出,组织变革实质上就是组织操纵各类情景因素促使成员行为改变,最终实现组织和个人绩效目标的过程。

Vollmann(1996)指出,变革组织是根据时刻发生变化的内外部环境所做出的调整活动,整合、一致、可行、满意四个特征是变革所必须具备的,由此构建一个 8×6 的变革模型矩阵。该模型矩阵纵向从学习能力、产出、资源、组织能力、战略回应、战略意图、流程和挑战过程 8 个层面描述了组织变革的核心要素;横向从技术、信息、人才、协调、配置和文化 6 个方面分析制度和资源对变革产生的影响。该模型为组织现实实践提供了规范的分析和决策工具。

(3)变革动力模型

关于组织变革动力机制的研究,Greenwood 和 Hinings(1996)首先对前人关于组织变革动力研究的理论进行了梳理,并从新制度理论层面指出,市场环境和制度环境都会在一定程度上影响组织变革,但影响力度会有一定的差异。制度环境的主要作用机制是为变革提供范式,而组织变革也无非通过从一个范式转换到另外一个范式(根本性变革)或者是在现有范式中改变相关的参数实现变革突破。并且,无论是制度环境还是市场环境对组织变革的驱动作用都是通过如下诱发动力和推进动力两类作用机制实现的：诱发动力涵盖价值承诺和利益不满，推进动力则涵盖行动能力和权力依赖。

利益不满具体指组织中的成员群体意识到自身在组织中的利益得不到应有的保护，所以希望组织利用变革构建全新的利益分配机制，解决利益分配不满问题。但是，这种来自组织内部成员的不满并不能直接导致组织变革的发生，只有在特定情境下价值承诺（即竞争承诺和重构承诺）得以实现时，在两者共同的作用下才能导致组织变革的发生。同理，根本性变革也是在权力和行动能力共同作为支撑时产生的。正如前人所说："变革仅仅在新一代成员掌控权力或者只有当变革能够使当权者获得利益满足时才能发生。"并且，只有当组织对变革目的有充分了解、对变革范式有足够的驾驭能力、组织成员拥有相关管理能力和技术促进变革时，在所有条件都具备时组织变革才能顺利产生。最后，组织在变革发生后又会对制度环境和社会环境产生反作用，从而促进下一轮的组织变革，为下一轮的组织变革提供动力源泉。

综上所述，组织变革理论重点倾向于将变革视为一种组织为了适应内外部环境变化而做出的相应调整行为，主要是提升组织适应环境变化的能力。组织变革既包含基础性、系统性的战略、文化、领导、架构，也包含实践性、局部性的人员、资源、技术、流程，当然也需要组织积极主动地采取行动实现高效的资源配置、调整和协调。同理，组织变革也会反作用于制度环境和市场环境，从而实现环境和组织的良性互动、相互塑造。

虽然组织变革涵盖内部、外部层面的各种影响因素，但是在当今以知识经济为背景的大环境下，技术在组织变革中的地位日益凸显。尤其是随着高新技术的日益发展，高新技术逐渐被运用到企业组织活动中，因此高新技术已经逐渐成为组织快速适应内外部环境变化、提升绩效、实现组织变革必不可少的工具，同样也是宏观经济发展的核心推动力。

2.2.4　产业集聚理论

产业集聚对区域文化产业发展具有重要的意义。人工智能技术的发展，使得传统意义上的"地理空间"概念被打破，取而代之的是"网络空间"或"虚拟空间"。在此基础上，文化产业空间集聚方式从"区域集聚"逐渐发展到"虚拟空间集聚"，这种集聚方式跨越了地域之间的隔阂，大大加快了文化信息的传播速度，也对文化产业效率时空分异的形成产生了不可忽视的作用。因而，研究中国文化产业效率变革的时空分异特征，要以产业集聚理论为基础。

学者们对产业集聚含义的界定主要是从产业特征和空间特征两个方面入手，且大多数学者对产业集聚的概念有着相似的理解。1890年，马歇尔在其著作《经济学原理》中首次阐述了集聚理论。他以外部经济理论为基础对地方性工业集聚进行了界定，后人称之为马歇尔集聚。马歇尔集聚不仅反映了"一业为主"的产业结构特征，也对产业和企业的地理特征进行了概述。在产业集聚理论发展的初期，人们更加关注产业之间的生产联系，对地理邻近性产生忽视。迈克尔·波特（Michael Porter）立足竞争优势理论，将静态的空间集聚推进到动态功能上的集聚。他认为产业集聚是能够在柔性、效益、效率方面存在竞争优势的空间组织形式。但是，这种不依托契约、自发形成的松散组织形式显著区别于垂直一体化组织，它是对有组织价值链的一种替代。

1. 产业集聚系列理论

（1）外部规模经济理论

外部经济主要是指厂商收益在其他厂商产出的影响下未能索取的部分，即某一产业的整体产量有所增长时，各企业的平均成本却下降的现象。规模经济则是指在一定产出水平下，平均成本随产出的增长出现反方向变动的现象。根据其来源的不同，可划分为内部及外部规模经济，前者主要指厂商平均成本与其生产规模间呈反方向变动，后者则指平均成本的变化与整个行业规模的变化有关，二者呈反向变化关系。1890年，马歇尔提出了外部规模经济理论，该理论后又经过了克鲁格曼（Paul R. Krugman）等学者的进一步完善。某一产业内的相关联企业集聚于特定区域是为了追求类似于创新环境等在内的外部经济所带来的效益。在一样的条件下，规模越大的区域内企业生产更富有效率，其规模的扩大不仅会导致区域内企业的规模收益呈递增趋势，还会促使其他相关联企业在某几个区域内呈现大规模的高度集聚趋势。这主要是由于企业间集聚能通过聚拢资源的形式极大地提升生产率进而达到降低成本、追逐较大收益的目标；同时集聚也利于扩大信息与知识的传播范围，加强企业间沟通与学习，激烈的合作竞争形式推动企业进一步发展创新，不断提升自我，带动周围企业共同进步。

（2）集聚经济理论

1909年，韦伯（Alfred Weber）在《工业区位论》一书中提出了集聚经济。区别于外部规模经济理论，该理论对企业集聚或者分散的原因给出了更为合理的经济学解释，从集聚行为主体对不同经济决策作用效果的维度，分析了外部性经济的产生。韦伯将集聚形成的原因量化为区域及集聚两大维度。某一产业中相关联企业集聚不仅是为了获取资源等区位优势,也可实现信息共享、降低运输成本等目标。若某一区域的地理位置优越,基础设施完备,在运费较低、可获得巨大利润的环境下会吸引更多企业竞相集聚于此,这便是相关联企业易在某一特定区域聚集的原因。企业集聚的原因重在区域的选择上,以最小成本实现外部规模经济所发挥的作用。同时,集聚主要有低级和高级两个阶段,前者主要指企业单纯依靠扩大自身规模的方式实现产业集聚,后者则主要指不同企业间基于某种有机联系组合在一起进而形成集聚的产业优势。

(3)竞争优势理论

1990年,迈克尔·波特在《国家竞争优势》一书的钻石模型理论中首次提及产业集聚的概念。钻石模型主要由四大基本要素及两大变量构成。四大要素中的生产要素不仅包括自然资源、区位条件等初级要素,还涵盖人力及资本等高级要素。随着科技水平的日益提高,在生产中占据主导作用的主体逐渐由初级要素转变为高级要素。需求的重心主要在国内市场,当国内市场的需求远大于国际市场需求时,国内企业相对于国外企业具备一定的优势条件,有利于本土企业走向国际市场。相关联产业的存在不仅有利于不同产业间构建上下游发展链条的高效环境,进而更易助力企业间碰撞出激烈的火花,还有利于上下游企业合作。上游企业的一些技术可提供给下游企业,下游企业通过不断创新学习,又可为上游企业提供创新助力。企业的战略管理文化等因所处区域的不同而有所变动,只有符合当地的发展特性,企业才能长久驻扎于此。两大变量中的机遇以及政府要素对产业的发展极其重要,拥有好的机遇及政府的扶持对企业发展至关重要,有利于企业不断创新发展,营造竞争合作的良好氛围。

产业集聚的形成与这四大要素及两大变量息息相关，这六大因素共同作用，为产业在某一特定区域的集聚营造了良好的环境氛围，进一步加快了产业在实体空间的集聚。越来越多产业集聚的涌现并非政府所造，而是从原有的衍生出来的。倘若某一区域的企业达到一定数量，自我的强化将导致新集聚的出现，而这一竞争优势将助推创新能力的增强。好的发展环境及相关联产业都有利于企业创新发展，使其具有一定的竞争优势。因此，产业集聚现象的增多将使得企业不断提升生产效率，不断增强自身的创新能力，进而产生更大的竞争力带动其他企业的共同发展。

（4）新经济地理学

Dixit 和 Stiglitz（1977）将垄断竞争思想与一般均衡模型进行融合研究。Fujita 等（2001）基于不完全竞争以及规模报酬递增的假设条件，在垄断竞争模型的基础上融合了新增长理论，进而开创了新经济地理学，这一理论又可称为空间经济学。随着经济全球化进程的不断推进，越来越多的经济现象出现，然而原有的经济学理论不能很好地解释这些问题。在此背景下，克鲁格曼等众多学者将研究视角拓展到经济地理学，基于边际收益递增理论对经济活动在空间形态中的集聚现象展开了研究，新经济地理学由此诞生。这一理论重在研究经济活动在空间维度产生集聚的现象以及促进区域经济集聚所产生的动力因素，并将核心—边缘理论视为研究经济活动的主要理论依据。

经济在空间维度中的集聚活动主要是基于路径依赖理论展开研究的，其关联主要是由市场及价格两大效应形成的。产业中的相关联企业为追求劳动力将集中于某一区域，在市场潜力被激发后，这一区域又吸引了别的企业入驻，使地区劳动力数量增加，这一现象即为本地市场效应。随着企业的不断涌入，相关联企业数量的增加使得生产成本在一定程度上降低，物价水平也相对偏低，这一优势将吸引更多的劳动力进入该区域，这一现象被称为价格指数效应。产业集聚现象的出现或许带有历史偶然色彩，然而产业一旦在某一区域形成较为完整的产业链，即使外部因素不施加作用，锁定效应仍将不断强化这一循环，使其持续下去，很难发生改变。经济活动空间集聚的外在表现为产业中相关联企业在某一区域集中，随着该区域报酬的递增，日益增加的利益会极大地增强该地区的吸引力，促使更多经济活动的发生，形成新一轮的产业集聚。

2. 产业集聚的形成原因

从"产业集聚"一词出现，经济学家便开始了对其集聚原因的探析。经历了一个多世纪的研究，其产生的原因众多，本章将对其几个重点原因进行描述。

其一，地理因素所产生的区位优势促使产业形成集聚态势。"产业集聚"一词始用于工业领域，工业领域中企业的建设选址多为靠近原材料产地或交通便利的区域，通过区位优势降低生产成本，这种对某种低成本的追求会促使相关企业向某一区域不断汇集。随着产业集聚运用于其他不同产业领域，产业集聚的这一特性更为凸显。

其二，追求外部及规模经济致使产业趋于集聚态势。产业中各关联企业为竞相追逐成本最小化、经济效益最大化，企业间会自觉又或不自觉地往某一特定区域集聚，对外部及规模经济的追求促使产业中集聚现象的出现。

其三，对生产要素价格的追求导致产业趋于集聚态势。综观早期及当前的产业集聚理论，可发现生产要素的价格一直是促使产业趋于集聚态势的重要推动力。早期企业选址多集聚于原材料产地或交通便利的区域，这可大大降低生产成本。随着科学技术的不断创新发展，运输成本等在支出中所占的比重呈下降趋势，劳动力报酬及科技研发创新的各种成本所占的比重日益上升。如何降低企业支出，进而降低企业的生产要素价格，是不同行业中相关联企业所需考虑的一大关键问题。

3.产业集聚的发展阶段

依据产业集聚理论出现的时间及其所具有的历史意义，产业集聚的发展可大致分为两个阶段，具体如下。

第一，从英国工业革命至第一次科技革命这一时期的理论，即早期的理论。这一时期开始实行机械式的规模化生产，由以机器为主要劳动力代替原本的依靠手工形式的劳动力。随着这一劳动形式的转变，工业领域出现了企业集聚的现象。针对这一工业化生产方式的转变，传统的经济理论无法提供充分合理的解释。为研究这一问题，经济学家从不同层面展开了多维度研究，产业集聚理论的出现使这一问题得以解决，因此早期的理论主要用于工业及制造业领域中，可从马歇尔提出的产业区位理论中发现。马歇尔指出，追逐外部规模经济的众多企业在发展过程中不断汇集迁移到某一区域内，这一区域即为产业区。韦伯的《工业区位论》指出，工业领域的相关联企业为具备更大的优势，从运输及劳动力等成本维度入手，通过降低成本使得其生产效率远高于社会平均水平。除此之外，熊彼特以及佩鲁认为，产业集聚在一定程度上对其他企业发挥了积极的带动作用，促进了技术的不断创新发展。

第二，科技革命之后的产业集聚理论，即当前的集聚理论。科技革命时代的到来使得技术不断转型升级，世界经济的发展中心也逐渐转移到美洲市场。市场规模的日益扩大，经济及贸易全球化进程的不断加快，促使生产要素在全球范围内充分流动，资源配置逐渐趋于优化，这一现象的出现极大地冲击了原有的产业集聚理论，新的理论则在此时代背景下逐渐诞生。藤田昌久指出，在新的时代背景下，一旦确定空间形态中的产业集聚的经济中心，地理因素对其的作用效果将显著削弱。克鲁格曼在搭建的中心—外围模型研究中发现了产业在形成集聚的过程中存在扩散效应，这一效应可更为有力地解释经济存在集聚的发展形态，也存在分散的发展形态。由此将产业在形成集聚形态后某一阶段又会分散的现象称为新经济地理学。

4. 产业集聚的优势

众多专家学者对产业集聚所带来的优势进行了不同层面的研究，本章将主要从以下几个方面来分析其集聚所带来的优势。

其一，产业集聚有利于产业资源的合理流动及配置。随着区域间产业集聚的不断形成，各种资源得以随着集聚区域的变动进行充分流动，借助集聚所形成的众多便利条件，分别流向不同竞争力的产业，使得资源实现最大限度的优化配置。这一资源的流动不仅推进集聚区域中资源等一般要素的重新组合，还有利于人力资本等企业、社会及机构资源实现区域间学习与交流。产业集聚进一步推进区域间的竞合创新发展，有利于吸引外来先进的技术管理经验。

其二，产业集聚有利于区域间经济的快速发展。产业间相关联企业趋于某一特定区域的集聚，会不断吸引更多相关联企业涌入。企业与企业之间只有加强竞合关系，不断提升自身，才能不被市场淘汰，进而存活下来。各种企业的带动将促使企业收益不断增加，进而推动地区间经济朝着更高水平的方向发展。

其三，产业集聚有利于科学技术创新发展进程的推进。产业集聚区域中的企业通过不断竞争促进企业不断对技术和管理进行革新，集聚的区域更有利于营造创新的氛围。同时，位于集聚区域的企业地理位置相邻，联系更为频繁，企业间创新成果的扩散范围更广，速度更快，更有利于企业间的学习创新。除此之外，创新所需要的技术及人力等资源在集聚区域内更易融合，在思维的碰撞下，创新的速度将更快。

第3章
人工智能时代中国文化产业效率变革的演化机理

本章对人工智能时代中国文化产业效率变革演进的典型事实进行了梳理，将在坚持本体论（即承认生物演化对经济演化的影响）的基础上，使用达尔文主义的"遗传—变异—选择"机制，从理论上分析人工智能时代的到来对中国文化产业产生的影响，以达到对我国文化产业效率变革进行演进研究的目的。

本章在"遗传—变异—选择"分析框架下结合技术路径依赖理论和制度路径依赖理论来进行分析。就遗传机制来说，在没有偶然因素影响的情况下，遗传机制所遗传的就是原有发展路径，这些路径涉及技术层面和制度层面。就变异机制来说，变异机制强调的是由于偶然因素的出现，行业发展脱离了原有路径，这恰恰反映了对原有路径依赖的打破过程。而就选择机制来说，选择机制是对不同发展路径进行筛选，即保留适合的发展路径、淘汰不适合的发展路径的过程，这个过程也可以被看作对不同路径依赖的选择。因此，本章在每个机制的具体分析下，按照技术路径依赖理论和制度路径依赖理论，分别从技术和制度层面进行理论分析。

需要注意的是，达尔文的"遗传—变异—选择"分析框架不是单链结构，而是互相反馈的环状结构。所有遗传机制都经过了选择机制的筛选，这意味着只有适应选择机制的变异行为，才会变成新的惯例，从而保留下来，形成新的发展路径。而通过选择机制得以保留的新发展路径将作为新的遗传基因延续下去，在这个过程中又会发生新的突变，又会被选择机制筛选。"遗传—变异—选择—遗传—变异—

选择"这一过程循环往复。因此，由这三者构成的达尔文主义"遗传—变异—选择"分析框架能够较为完整地动态地分析行业效率变革演化的过程。为了更好地研究正处于人工智能时代的中国文化产业未来发展的趋势，本章选择了"遗传—变异—选择"这一分析顺序。

3.1 文化产业效率变革的前提

技术创新是文化产业发展的中坚力量，文化产业的科技创新成为新时期技术与文化协调发展的重要趋势。传统的影视产业、音乐产业，新兴的网络游戏业、网络视频业、网络动漫业都朝着全球化的方向发展，这些产业都受益于技术创新，正在接受技术创新的恩惠。从国外文化产业发展的经验来看，技术创新对文化产业具有强大的技术支撑作用，这是非常明显的。动漫游戏产业是日本、韩国文化产业的重点，其发展是技术创新与文化产业相结合的重要体现，特别是日本借助不断创新的计算机技术，将动漫产业培育成日本第三大产业，且在不断扩大其在世界范围内的影响力，强化了日本在世界范围内"动漫王国"的地位。文化产业巨头美国也一直借助不断创新发展的卫星数字电视直播技术、卫星移动通信技术和计算机虚拟技术，推动着好莱坞电影、网络游戏业等占据全球文化市场。

文化产业制度创新，实际上是文化产业制度的变革与完善，是文化产业制度设计的优化与制度安排的法制化的一个过程。文化产业制度创新主要聚焦在三个维度：一是基于激励功能与保障功能的制度创新，重点是通过产业政策的调整与改革营造出良好的产业发展环境，增强产业的竞争力；二是基于市场配置和资源整合功能的制度创新，将制度创新作为文化产业资源优化配置的必然途径，同时在国家文化主权和安全层面上对文化产业的发展起着保驾护航的作用；三是基于文化培植功能的制度创新。

随着近年来我国经济的不断发展，我国居民收入水平不断提高。自2020年新冠疫情发生以来，人们对精神文化的需求激增，对文化产品的需求也在不断增长。2013~2020年，忽视价格变动，我国居民人均可支配收入呈现出一种稳定上升的趋势，并且我国居民人均消费水平也呈现出稳定上升的趋势，而消费中关于教育文化娱乐的支出也在逐年递增。我国居民的教育文化娱乐消费支出总金额逐年增加，从而可以看出，我国居民的教育文化娱乐的消费能力在逐年增强。

产业效率变革的内涵界定沿袭斯密效率体系中分工、竞争与市场出清等理念。首先，产业效率变革应表现为产业劳动生产率的提升，在分工与生产层面，这意味着产业专业化运作越发成熟、精细，产业技术创新能力显著增强，即单位投入所带来的产出存在质与量的飞跃。其次，产业效率变革应表现为产业资源配置能力的优化。弥补政策缺陷、消除制度阻碍将为产业竞争提供一个更加自由宽松的环境，人力、物力与财力的重新整合亦将催生出强大的规模经济效应。最后，产业效率变革应表现为对消费需求的深层次满足，产业效率变革的根本在于生产符合市场需求的产品，市场出清状态也预示着产业的生产、营销与管理能力能够相互协调。

综上可见，文化产业效率变革是一个综合且多元的系统工程，它与技术水平、制度限制和消费需求等因素存在密切联系。当然，文化产业效率变革也是一个对技术与制度"遗传—变异—选择"的过程与结果。技术创新、制度创新、市场需求以及完整的"遗传—变异—选择"的演化机理是文化产业在人工智能时代的新发展阶段的应有之义,也是文化产业实现效率变革的前提。

3.2 人工智能时代文化产业效率变革的遗传机制

在生物演化中,生物体是通过基因来保证其性状的稳定。通过这种遗传机制,生物的子代和亲代间能够具有相同的形态和行为,保证子代发展的稳定。因此,人工智能时代中国文化产业效率变革演进的遗传机制可以用路径依赖理论来分析,即在没有偶然因素影响的情况下,无论是制度还是技术都更倾向于沿着原有发展轨迹继续发展下去。在经济演化中,经济有机体是通过"经济基因"来保证其性状的稳定。为了避免生物学隐喻,我们用"惯例"来描述"文化基因",即文化产业有机体通过惯例来保证其原有的发展路径。正如前文所述,达尔文的"遗传—变异—选择"分析框架不是单链结构,而是互相反馈的环状结构。同时,基于演化经济理论,遗传是产业效率变革的逻辑起点,即便步入人工智能时代,中国文化产业依然保有机械型文化技术时期、电力型文化技术时期和电脑网络型文化技术时期的路径依赖因素,因而接下来对我国文化产业发展的惯例进行分析。

文化产业效率变革演进的遗传机制通常具有稳定的可遗传性,这就是对文化原有发展路径的继承。从生物学角度来看,可遗传性是指亲代的性状通常会遗传给子代,使子代具有相同的形态和行为。从文化产业角度来看,这种可遗传性是指文化产业当前的发展路径会对下一阶段的发展方向产生决定性的影响。而承载着这种可遗传性的根本原因就是文化产业发展惯例的存在。这些文化产业发展惯例既包括了文化产业原有的技术水平、管理制度、组织结构等内生变量，又包含了文化产业发展的外部制度、产业链上下游竞争关系等外生变量以及市场需求，因而文化产业效率演化正是由这些内生变量、外生变量以及市场需求的集合所决定的。另外，这种可遗传性是稳定的，这是因为文化产业发展的某些惯例能够随着时间的推移保持连贯性。

3.2.1 文化产业效率变革演进的遗传机制的技术层面

遗传机制的技术层面强调的是在文化产业演化过程中，产业通常更倾向于延续原有技术的发展轨迹，在此基础上进行技术的突破和融合发展。惯例是文化组织的一个重要特征，它是被保留下来的、可识别的、稳定的、可遗传的并且可以重复使用的规则或行为模式。文化产业企业在技术层面的惯例可以从两个方面获得。一是从企业间并购或者子母公司的企业代系之间的遗传获得，通过这样的方式获得的技术惯例通常比较完整，这是因为当一个企业由于某种原因对另一企业进行并购时，会将自己具有优势的技术惯例和对方具有优势的技术惯例融合植入新公司之中，以便新公司具有二者的技术惯例。同样的，如果企业发展体系过于庞大，它可能会成立子公司，将母公司的技术惯例复制到子公司中。二是根据外部环境进行后天学习，当一个企业不具备并购或者企业代系间遗传技术惯例的机会时，只能通过在自身发展过程中借鉴行业龙头的生产和服务技术，学习行业先进技术，从而形成适合本企业发展的技术惯例。

虽然我国已经步入人工智能时代，人工智能技术对我国文化产业产生了深远影响，促使我国文化产业收入呈逐年上升趋势，并在

2018年实现了较大跨越（见图3-1），但是传统的文化产业生产方式仍然被保留了下来，并且占据很大的比例。在传统的娱乐业、新闻和出版业、文化艺术业，以及广播、电视、电影和影视录音制作业的内容生产过程中，目前人工智能可以实现简单的自动摘要、自主写作和抽取式新闻写作，并且能够按照设定好的路径简单地模仿人类思考和处理问题。在利用人工智能技术进行信息收集时，人工智能技术可以根据传感器生成用户信息，追踪信息传播路径，并且实现可视化分析。在文化产业视频创意服务中，人工智能技术可以实现视频和文案的自主转换，以及提高图片和相关资源的收集效率。在文化信息传播过程中，人工智能技术可以结合大数据进行数据收集与分析，然后根据用户的个人喜好和兴趣实现信息和广告的精准推送。在客户管理与市场调研过程中，运用人工智能技术可以实现用户形象的刻画，并且可以通过深度神经网络技术精确感知用户情感变化，从而实现有效的市场营销与客户管理，实现文化产业与人工智能技术融合发展，促使相关文化企业的内容生产成本大幅降低、质量和效率大幅提升，使内容更加生动、更有利于传播，人工智能技术对满足人民日益增长的精神文化需求发挥了重要作用。人工智能技术只是对文化产业生产方式、生产内容质量以及生产效率进行了大幅提升，促使传播方式发生比较大的变革，但是并没有改变传统文化产业原始的惯例，例如其精神内涵、相关核心流程，以及文化产业依然保有机械型文化技术、电力型文化技术和电脑网络型文化技术。它们作为惯例遗传下来，在当下与人工智能技术实现很好的融合，促进当前文化产业效率变革，在将来也与人工智能技术实现新的融合，并作为新的惯例被选择、遗传和发展。

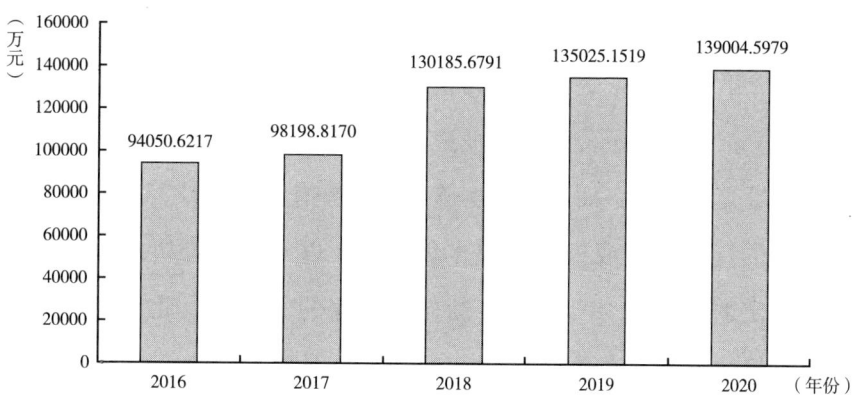

图 3-1　2016~2020 年全国文化产业收入
资料来源：《中国文化和旅游年鉴》。

3.2.2　文化产业效率变革演进的遗传机制的制度层面

遗传机制的制度层面强调的是在经济演化过程中，一种制度一旦形成，不管其是否有效，都会在一定时期内持续地存在并影响之后的制度选择。也就是说，行业通常更倾向于沿着原有的发展路径走下去，若有新的制度形成，也是在旧的制度的基础上进行的，有明显的路径依赖特征。

遗传机制在制度层面发挥作用的因素主要有两种。第一种因素是报酬的不断增加。制度成本对制度变迁有着规制的作用，我们在建立一项制度时，需要耗费一定的成本。随着时代的不断发展，制度也将不断发生改变，于是便出现了制度的追加成本不断减少的现象；另外，创造一条路径，便会浪费前期投入的执行成本，这需要付出更大的成本。与此同时，随着时间的不断延续，制度与制度制定者相互结合，出现了一系列正式或非正式的准则对该制度进行整改，然而整个制度的内在秩序因制度的调整而发生改变，所以制度才能更长久稳定地存在。第二种因素是由于不完整的市场，在各种交易费用非常明显的条件下，行为者不赞成对制度进行创新和改革。因为制度的创新会增添大量交易费用，而制度的实施效果也具有不确定性，很可能会给行业内的行为者造成极大的成本负担。所以，行为者从自身利益和社会稳定的方面进行考虑，必须保护现存的制度。因此，在日常生活中，权威或权力的主体所规定的制度才具有稳定性，必须耗费巨大的人力和物力，才能建立起一项政策或者制度，这还需要对社会稳定进行考量。假如制定了相关制度，广大人民群众都满意该制度，那么这个制度会一直延续使用，或者只需要对该制度进行适时修订。

类似于技术路径依赖，制度路径依赖理论认为一旦制度走上某条发展路径，在其后的发展过程中，它的发展将沿着既定的路径得到加强。20世纪80年代，文化产业是依赖于文化经济和文化管理的，可以说并不存在真正的文化产业政策。直到1985年，国家统计局发布的《关于建立第三产业统计的报告》中，文化产业才被正式提出，可以说自此才开始出现真正的文化产业政策。通过对1988~2016年我国出台的文化产业政策进行梳理（见表3-1），发现这些政策的落脚点更偏向于与文化产业相关的基础设施建设、鼓励金融机构内部创新、文化产业发展所面临的风险以及文化产业相关法律法规的完善工作。不难发现，我国的文化产业政策有一定的连续性，一项新的文化产业政策会以已有的文化产业政策为基础，所以每一项文化产业政策都会得到未来政策的延续，成为一项遗传因子被延续下去。根据制度路径依赖理论，未来我国文化产业相关制度会延续已有政策的方向从以上几个方面进行完善和发散。

表 3-1　1988~2016 年我国文化产业相关政策

年份	政策名称	相关内容
1988	《关于加强文化市场管理工作的通知》	娱乐性文化开始萌芽，广州开设第一个音乐茶座，上海和广州开始引进录像机并大规模生产
1991	《文化部关于文化事业若干经济政策意见的报告》	首次提出"文化经济"
1992	党的十四大报告	明确提出要"完善文化经济政策"
1992	《加快发展第三产业的决定》	首次提出"文化产业"
1997	党的十五大报告	提出"深化文化体制改革，落实和完善文化经济政策"是践行中国特色社会主义文化建设的重中之重
2000	《中共中央关于制定国民经济和社会发展第十个五年计划的建议》	"文化产业"概念在文化产业政策中正式运用，并首次提出"完善文化产业政策"，将文化产业列入国民经济和社会发展计划之中
2001	《国民经济和社会发展第十个五年计划纲要》	文化产业在经济发展中的重要地位被确认，文化产业开始和文化事业共同发展
2006	《关于深化文化体制改革的若干意见》	鼓励广电和新闻出版单位开始依据"创新机制、面向市场"的转型方针进行国有文化事业单位企业制改革
2006	《国家"十一五"时期文化发展规划纲要》	我国首个关于文化发展的中期规划
2009	《文化产业振兴规划》	文化发展已上升至国家战略层面
2010	党的十七届五中全会	文化产业被列为国家战略性支柱产业
2012	《"十二五"时期文化产业倍增计划》	文化产业已成为国民经济和社会发展的重要组成部分，这标志着我国文化产业发展步入新阶段
2014	《进一步支持文化企业发展的规定》	主要涉及财政税收、投融资、资产管理等多方面支持政策
2015	《国务院关于积极推进"互联网+"行动的指导意见》	"互联网+"是将互联网的创新成果与经济社会各领域深度融合，推动技术进步、效率提升和组织变革，提升实体经济创新力和生产力，形成更广泛的以互联网为基础设施和创新要素的经济社会发展新形态

综上所述，本章在技术层面介绍了惯例不但能够通过企业代系之间的遗传获得，也可以后天从外部环境通过学习获得，并介绍了文化产业的相关情况；在制度层面分析了遗传机制在制度层面发挥作用的两种主要因素，并介绍了与文化产业相关的政策文件。人工智能时代也会遗传相关的技术惯例和制度惯例，并将形成的新的技术和制度惯例延续和发展下去。

3.3　人工智能时代文化产业效率变革的变异机制

在生物学中，变异意味着生物亲代与子代或者子代与子代之间存在的性状差异，而这种性状差异甚至可能会导致新物种的出现。从根源上来说，只有当偶然因素发生时产业的发展才会突破原有的发展路径，因而这些偶然因素也被认为是突破原有路径的动力。变异机制的本质特征是不可预测性和多样性，因而能够产生不同的发展路径。变异机制的不可预测性是指，我们无法预知"变异"是否会发生、"变异"什么时候发生、"变异"会发生在哪个领域，以及"变异"会产生什么样的结果。正因为不可预测性的存在，社会经济动态系统也就不可能存在一个已知的、唯一确定的解。变异机制的多样性是指"变异"的方向是多样的。

从根本上来说，文化产业的创新行为是文化产业有机体根据原有惯例的发展路径，在其认知水平、技术能力、面临的制度等多方面的约束下，通过学习和推理行为，对原有惯例的打破。由于每个文化产业有机体的认知水平、技术能力、面临的制度等都有所不同，所以产生的发展路径也具有多样性。从中国文化产业效率演进的角度看，变异机制更像是由技术或制度的变革而导致传统文化产业没有按照原有发展路径发展下去，进而产生不同发展路径的一种机制。因此，对人工智能时代中国文化产业效率演进的变异机制的理论分析可以参考路径依赖理论，尤其是技术路径依赖和制度路径依赖。

从实现变异机制的手段来看，既有低层次的模仿学习，也有较高层次的自主创新。模仿学习是指通过在文化产业内外部进行搜寻，选择适合的发展路径，通过简单的模仿行为复制创新的业务模式与方法。而自主创新是指企业运用自身资源进行的创新，具有更大的风险性和收益性，若成功可能会一跃成为行业"领头羊"，若失败可能会导致企业面临破产的风险。无论是电子化、互联网化还是人工智能化，其背后所蕴含的技术知识是无法通过简单的复制行为嫁接到文化产业领域的，所以我国文化产业的每一次转型都是通过自主创新来引导的。

3.3.1 文化产业效率变革演进的变异机制的技术层面

变异机制的技术层面强调的是由于外部力量的强制推动或由于内部力量的自发诱导出现了新兴技术，这种新兴技术对行业内原有技术是一种突破。从现实生活来看，只有当文化产业内部原有技术水平所产生的报酬无法满足文化产业的既定目标时，或者说文化产业处于经济报酬递减阶段时，文化产业才会主动寻求技术上的突破。变异机制突破原有路径的动力主要有两种：一种是文化产业在内部寻求的创新，另一种是文化产业的外部环境倒逼产业进行的创新。文化产业在内部主动寻求创新，要么参考其他产业的发展路径，寻找可借鉴的创新点；要么在文化产业内部搜寻优良的已成形的发展路径，即行业发展标杆，让它们的发展路径在行业内普及。而文化产业的外部环境倒逼产业进行创新通常是指，文化产业外部环境发生翻天覆地的变化，使得文化产业原有发展路径无法满足文化产业未来发展需要，从而倒逼文化产业通过变异产生新的发展路径来适应新的外部环境。

人工智能的出现与发展实现了当今社会生产与文化生活的巨大变化，人们消费的文化内容在很大程度上是具有数字化特点的文化符号。优质内容是文化产品的立足之本。在智能化背景下，人们所处的文化消费环境以及所具有的文化消费习惯发生了改变，文化内容实现了快速的链式传播。为了在文化内容消费涉及的各个环节中合理嵌入主流价值，应针对文化消费构建良好的引导机制。在大数据与算法的技术支持下，智媒能够实现对文化产品内容与广告传播对象的高效匹配，以实现对广告的精准投放以及对广告效果的精准评估。通过对受众评论以及受众反馈的信息数据进行深入挖掘和自动搜索，综合考虑受众偏好、受众心理、受众行为、文化习惯以及内容需求，实施精准分类，并实时关注和充分利用文化热点和热门事件，打造爆款文化产品和相关服务。大数据算法虽然能实现精准传播，促进传播效果的有效提高，但其机械性的传播特征仍然阻碍着用户的文化产品消费体验，影响对深层次内容的挖掘。文化产业应充分利用人工智能具备的技术优势，以主流价值为导向，创造优质内容，借助大数据技术对信息数据实施价值聚合和高效利用。通过智能算法对优质的、契合主流价值的文化内容进行推荐和分发，并制定具体的机制规则，针对智媒构建内容传播的良好生态。文化企业或者相关运营平台依托人工智能构建传播主流价值的具有动态化特点的运作机制，通过智能升级，对文化平台具体的运营模式进行重新塑造。在内容的传播与精准分发过程中，人工智能算法推荐技术需要依据用户的独特信息消费需求，不断地拓展用户信息消费喜好的边界，逐渐加强用户文化产品信息消费的认知、态度与行为之间的联系。变异机制的多样性必然会改变文化产业的原有表现形式，突破文化产业的原有发展路径，甚至是诞生新兴产业。

从技术的突破动力来看，文化产业内外部同时发生了环境的转变，从而产生了变异。在人工智能背景下，文化产业应通过促进主流价值对文化内容生产的智能嵌入、以人工智能引导主流价值和文化产品消费、以人工智能主导主流价值文化内容的运营分发、基于国际视野构建传播主流价值的智能体系等路径加强对主流价值的构建传播，也应关注传统文化产业机构无法辐射到的领域，如数字内容、动漫游戏、视频直播、5G、大数据、人工智能、AR/VR/MR、区块链技术等。

3.3.2 文化产业效率变革演进的变异机制的制度层面

制度的发展过程是动态的，旧制度因与行业未来发展不匹配而走向消亡，新制度则在新的行业发展背景下诞生，这个过程周而复始。变异机制的制度层面强调的是由于外部力量的强制推动或由于内部力量的自发诱导出现了新兴制度，这种新兴制度对行业内原有制度是一种突破。制度的突破要么是由以政府为主体的利益集团推动的，要么是由行业无意识地自发演进形成的。我国更多的是以政府为主体形成新的制度，以行业或协会为辅助形成一定的行业规范和行业制度。

在前面的分析中，我们可以了解到变异的方向具有不可预测性和多样性，但这并不意味着文化产业新发展路径的形成是不受约束的，是可以天马行空的，变异机制在制度层面的发展也会受到约束。这种约束主要来自两个方面。一是来自旧制度走向消亡，尽管旧制度已经体现出与行业未来发展不适配的情况，但人们对原有制度的认可并没有一下子全部消失，此时如果提出新的制度，一定会受到部分群众的反对，这就导致旧制度存在的时间会被延长，新制度出台的进度会被拖后，直到人们对旧制度不断否定、对新制度不那么排斥，新制度才能够顺利出台。二是来自新制度形成和发展的初期，一项制度的出台难以保障所有利益相关者的利益，必然会产生一方受益而另一方利益受到损害的情况，因此利益受到损害的一方肯定会想方设法地干扰这一制度的实施，从而阻碍旧制度向新制度的转变。多重干预之下，制度变迁极易陷入路径依赖，使得旧制度很难被推翻，新制度即使产生也会受到旧制度的干扰和抵抗。

步入人工智能时代以来，我国先后颁布了不少促进人工智能技术和文化产业融合发展的政策来支持人工智能时代文化产业的发展，特别是2016年起，人工智能与文化产业的融合已经被正式写进政策中，我国相继发布了一系列促进文化产业与人工智能技术融合发展的政策（见表3-2）。具体来看，这些政策从目标来看涉及基础理论研究、技术突破、基础设施、信息资源开发、成果转化、应用融合、政策法规和网络信息安全等方面，与以往的政策存在一定延续，但是这些政策相较于以往政策也发生了一定的变异：更加强调技术与文化产业的融合发展，强调文化产业的转型发展。这些政策在一定程度上规范了互联网文化产业，促进了互联网文化产业的良性发展，同时指引了人工智能与文化产业深度融合的方向，为人工智能与文化产业的融合提供了良好的政策支持与发展环境，促进了文化产业效率的变革。

表 3-2 2016 年以来我国文化产业和人工智能技术融合发展政策

年份	政策名称	相关内容
2016	《关于进一步加快广播电视媒体与新兴媒体融合发展的意见》	推动文化产业深度融合，加强技术融合，加快文化融合型人才队伍建设
2016	《关于推动文化娱乐行业转型升级的意见》	加强文化娱乐行业建设，鼓励新技术引入，促进新产品开发
2017	《"十三五"时期文化产业发展规划》	促进高新技术在文化创作、生产、传播、消费等环节的应用，促进大数据、云计算、人工智能等技术与传统产业融合，从而推动传统产业升级，促进文化新业态的产生
2017	《"十三五"时期文化科技创新规划》	坚持价值引领、需求导向、创造为本、民生为先等原则，以实现 2020 年文化科技创新能力在科技文化融合方面的提升
2017	《"十三五"国家科普与创新文化建设规划》	明确"十三五"时期科普和创新文化建设的指导思想、发展目标、重点任务和主要措施
2017	《"十三五"时期公共数字文化建设规划》	促进公共文化服务与现代科技融合发展，充分发挥现代信息技术对公共文化服务的重要支撑作用
2018	《国务院关于推动创新创业高质量发展 打造"双创"升级版的意见》	推进大众创业、万众创新是深入实施创新驱动发展战略的重要支撑，是深入推进供给侧结构性改革的重要途径
2019	《游戏游艺设备管理办法》	明确提出实施游戏游艺设备分类管理，从设备机型、设备内容、未成年人保护等方面明确了相关规定
2020	《关于推动数字文化产业高质量发展的意见》	在夯实数字文化产业发展基础、培育数字文化产业新业态、构建数字文化产业生态等方面提出多项意见

综上所述，在技术层面上，本章介绍了变异机制突破原有路径的两种动力：一种是文化产业在内部寻求的创新，另一种是文化产业的外部环境倒逼产业进行的创新。在制度层面上，本章介绍了新制度的发展既会有一定遗传因素，也会产生一定的变异。例如，我国颁布的促进人工智能技术与文化产业融合发展的相关法律法规与以往的文化产业政策出现了不同的发展路径。

3.4 人工智能时代文化产业效率变革的选择机制

变异机制通常被认为是经济演化的原动力。只有通过变异机制，经济演化才能具有多样性，才能够为选择机制提供材料，判断不同发展路径的适应性，从中选取适应变异方向的发展路径保留下来，而不适应的变异行为将被淘汰。选择机制研究的是对变异行为淘汰或保留的过程。在经济的演化分析中，选择机制是指经济系统的制度背景会有利于某些惯例，而不利于另一些惯例。假如社会不存在选择机制，缺乏对变异行为的筛选，那么面对多样化的变异行为，将造成一个低效且无序的混乱社会，因此必须重视选择机制。

选择机制大体可以分为自然选择机制和人工选择机制。其中，自然选择常见于生物演化过程，是指受环境因素影响而进行选择的行为；而人工选择常见于经济演化过程，是指受人们的主观意识影响而进行选择的行为。人工选择机制主要包括市场选择机制、社会文化选择机制和政治选择机制。这三种选择机制根据各自的标准对不同的发展路径进行筛选，淘汰不适合当前文化产业发展的路径，保留适合当前文化产业发展的路径。从定义上看，市场选择机制是指市场会通过竞争的方式对文化产业的变异行为进行选择，这种选择机制通常是以赢利能力、生产效率、市场需求等作为选择的标准。社会文化选择机制是指社会通过道德观念输出等方式对变异行为进行选择，这种选择机制通常是以特定的道德价值作为选择的标准。政治选择机制是指国家会通过颁布新制度等方式对文化产业的变异行为进行选择，这种选择机制通常是以政治利益作为选择的标准。

3.4.1　文化产业效率变革演进的选择机制的技术层面

选择机制的技术层面强调的是由偶然性因素产生的新的生产技术和服务手段需要受到市场、社会、政治等方面的筛选，从而判断这种新的生产技术和服务手段是否能够被保留下来。在这里，偶然性因素是指人工智能技术飞速发展并与其他产业进行融合的时代背景，即人工智能时代已经到来。技术层面的筛选是以市场选择机制为主的。也就是说，当文化产业将其创新行为变为成果投入市场时，只有能够提高文化产品生产效率和质量、满足人们日益增长的精神文化需求、取得更高经济利益的创新行为才能在市场中被选择，从而被保留下来。而不能提高文化产品生产效率甚至有抑制效果、取得较少经济利益或无法取得经济利益的创新行为将不会被企业保留，此时的文化产业更倾向于能够提高文化产品生产效率和质量、取得更高经济利益的创新行为，或者重新开始寻找一个创新方向。因此，我们可以发现市场是一个天然的选择机制，只有持续不断地提升文化产品生产效率与质量、创造更高经济利益、满足人们日益增长的精神文化需求的创新行为才能够在市场中长久存在。

关于文化产业对技术的选择，在数字经济转型背景下，特别是自新冠疫情发生以来，互联网技术、人工智能技术与文化产业融合发展便是一个很好的例子。疫情发生以来，人们的生活受到了严重影响，工作、学习乃至各项娱乐活动都受到了限制，因此人们对线上的文化需求激增，云演出、云直播、云录制、云展览、云综艺、云拉歌等大量文化活动被搬上"云端"。这种看似无奈的应急之举，其实是文化技术融合的结果，数字文化产业异军突起、逆势上扬，用丰富优质的线上内容供给满足人民群众的精神文化需求。近年来，各大科技巨头和高校也都结合"人工智能+文化产业"不断开拓创新。例如，腾讯利用机器学习技术开发了游戏 AI"觉悟"，清华大学利用知识图谱技术制作中英文跨语言百科知识图谱（XLORE），搜狗利用自然语言处理技术开发了多场景机器翻译引擎，科大讯飞利用人机交互技术开发出 AI 记者"通通"，百度利用计算机视觉技术生成图像审核功能，网易利用虚拟现实技术开发了网易洞见。可见，"人工智能+文化产业"经受住了市场、社会、政治等各方面的筛选，得到了实际验证。人工智能技术改变了文化产业内容生产和传播方式，提供了传播技术与平台，提高了文化产业效率，为满足人们日益增长的精神文化需求贡献了力量，促进了文化产业繁荣发展，成为文化产业新的经济增长动力。作为被成功选择的因子，人工智能技术会在当下不断地与文化产业深度融合，可能经过"遗传—变异—选择—遗传"迈向下一阶段。

3.4.2　文化产业效率变革演进的选择机制的制度层面

选择机制的制度层面强调的是由偶然性因素产生的新的法律法

规、行业规范需要受到市场、社会、政治等方面的筛选，从而判断这个新的法律法规和行业规范的效果。在这里，偶然性因素是指人工智能技术飞速发展并与其他产业进行融合的时代背景，即人工智能时代已经到来。制度层面的筛选是以政治选择机制为主的，还有少部分是社会文化选择机制。政治选择机制能够对文化创新行为进行一个快速的筛选，一旦发现企业的创新行为无法适应当前的政治选择机制，那么该创新行为很快就会在经济社会中消失。造成政治选择机制高效筛选的主要原因是，国家会通过出台正式或非正式的法律法规来对企业的创新行为进行筛选，而法律法规通常又具有一定的强制性。正是由于这种强制性，不适应该选择机制的创新行为将被快速取缔。而社会文化选择机制通常具有独特性。不同的国家和不同的行业领域都有不同的道德观念和社会文化，而社会文化选择机制恰恰是基于经济演化场景的意识形态来进行选择的。这必然会导致选择机制变得更为独特，更贴合特定的经济演化场景，因此即使是对经济演化中相同的变异行为进行选择，其结果也可能大相径庭。具体来说，人工智能时代我国文化产业效率变革的社会文化选择机制是在结合我国文化产业的转型脉络和当前通信技术发展进程的基础上，国民普遍认可的道德观念。

在2016年以前，人工智能技术已经和文化产业实现了一定的融合发展，"云演艺""云展览"等也早已出现。但是，在2016年之前缺乏相关政策文件的支持，相关发展得不到市场和消费者的认可，没有发展的动力，发展缓慢。在2016年以后，国家相继出台了文化产业与人工智能技术融合发展的政策文件，文化产业与人工智能技术融合发展得到政策支持，市场得到激活，加之受到新冠疫情的影响，人们对精神文化的需求大大增加，对相关文化产品的需求也大幅上升，对文化产业与人工智能技术融合发展的需求得到了爆发式的增长，"网络直播""云演唱会""云展览""云演艺"都得到了前所未有的发展。文化产业与人工智能技术的结合通过了政策和市场的选择，为文化产业注入了新的发展活力，越来越受到人们的青睐。

第4章
人工智能时代中国文化产业技术网络结构与案例分析

前文已经对人工智能时代文化产业效率变革的演化机理进行了详细阐述，在人工智能时代，技术因素对文化产业的发展有着至关重要的影响，因此，本章将对我国文化产业技术网络展开深入分析，以便实现我国文化产业与人工智能技术的深度融合发展，进一步促进我国文化产业效率变革。

4.1 文化产业技术网络结构无标度网络模型生成机制

在无标度网络中，许多节点之间的联系很少，而少数节点之间的联系很多，类似后者的这种节点就是所谓的"核心节点"，网络也由这些核心节点所控制。无标度网络的度分布与其他网络有很大的区别，它在双对数坐标上表现出一条斜向下的直线，也就是度分布是幂函数分布，这个特性与网络规模和时间无关。实际上，大部分网络是按照这种幂律的形式分布的，只有少数的主体具有很大的联系。因此，对文化产业技术网络结构进行研究，也是将无标度网络的产生机理和衡量指标作为研究标准和基础。巴拉巴西和阿尔伯特认为，生长机制与偏好连接机制促使无标度网络的形成，这就意味着无标度网络在形成和发展的过程中会不断有新的节点涌入，各节点之间产生联系，但这种联系往往会发生在高度值的节点与其他节点之间的连接中。

4.1.1 生长机制

在无标度网络或实际网络中,随着新节点的不断涌入,网络将逐渐扩大,节点数量将会增加,网络不再是一成不变的,而是在不断增加新的节点。例如,1991年,万维网中只有一个节点(网页),如今万维网中包含了超过1兆个节点。随着研究论文的发表,科学合作引文网络也不断扩大。

无标度网络基本的生成机制如下:当网络刚刚建成时,网络中的节点随意连接,节点的数量为 m_0,但网络中不存在孤立的点。随着时间的增长,网络也随之扩大,在每个时刻,网络中都会添加一个新的节点,新增节点不一定会与以前的每个节点都相连,产生连接的节点数量为 m,并且 $m \leq m_0$。

4.1.2 偏好连接机制

与随机网络的连接机制不同,在无标度网络或实际的网络中,节点之间的连接不是随意的,而是倾向于将网络中具有大量连接的节点进行相连。也就是说,节点在进行连接时,是有偏向性的,节点的这种选择连接的过程就被称为偏好连接。例如,互联网上有数以兆计的网页,我们所知的也不过是很小的一部分,就像我们更偏好于选择百度、谷歌等网站进行检索,而很少浏览访问其他不知名的网页,我们对连接数更多的节点更为熟悉,因此大概率还是会连接到一个多连接的节点。

BA无标度网络模型在偏好连接中定义新节点、选择旧节点时,选择度为 k_i 的节点进行连接的概率为 $\Pi(k_i) = \dfrac{k_i}{\sum_j k_j}$,可以看出偏好连接是一种概率行为,尽管新节点可以与任意节点相连,但旧节点的度越大,由公式可以得到新节点选择其进行连接的概率就越大。在经过 t 个时间之后,BA 无标度网络节点数为 $N=t+m_0$、连接数为 $N=m_0+m_t$。无标度网络结构演化过程如图 4-1 所示。

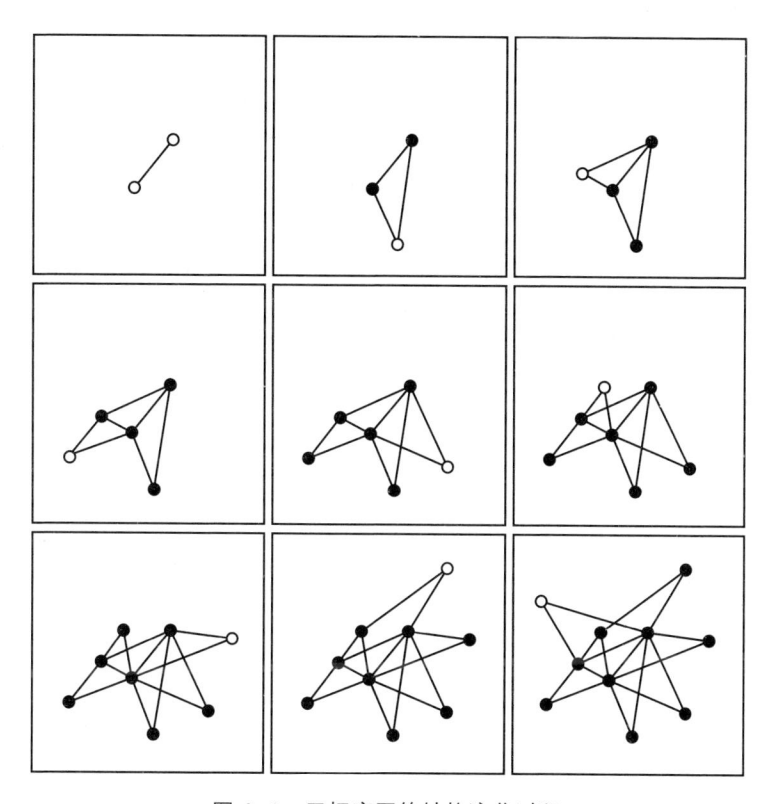

图 4-1 无标度网络结构演化过程

4.1.3 无标度网络的度与度分布

1. 度

在网络科学中,一个网络的性质可以从多方面去评价。其中,度和度分布就是一种最常见的评判方式。度的含义为网络中的某个节点与其他节点产生连边的数量,度一般用 k 来表示。研究网络的度值就是在确定网络的核心,从而可以判断网络核心节点的数量以及网络的发展程度。原因在于,如果一个网络中存在较多的高度值节点,那么这些节点在网络中就能够带动和影响其他节点,从而对整个网络产生影响。

2. 度分布

度分布代表了在网络中任意选择的一个节点度值为 k 的可能性,用 P_k 表示。由于 P_k 表示的是概率,则其满足 $\sum_{k=0}^{\infty} P_k = 1$。对于有 N 个节点的网络,其度分布可以表示成直方图的形式,其公式为 $P_k = \dfrac{N_k}{N}$,N_k 为度是 k 的节点的个数。其分布如图 4-2 所示。度分布的存在对于无标度网络而言可以明确网络的性质,判断网络的现象。

由于无标度网络的度遵循幂律分布的形式,其度分布可由以下公式表示:$P_k = k^{-\gamma}$。该公式被称为幂律分布,指数 γ 被称为度指数,对公式取对数,可以得到 $\ln P_k = -\gamma \ln k$,则 $\ln P_k$ 和 $\ln k$ 呈线性关系,斜率为 $-\gamma$。通常情况下,$2 \leq \gamma \leq 3$。

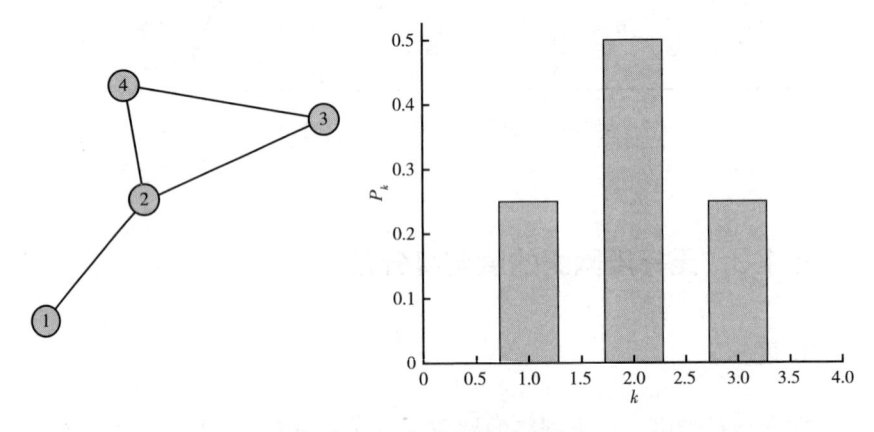

图 4-2 无标度网络的度分布

4.2 文化产业技术网络结构模型参数设定

文化产业技术网络结构模型的生成以无标度网络理论为基础，以人工智能为技术背景，从生命周期的视角对文化产业技术网络结构进行仿真演化。在网络形成阶段，设定初始节点个数为 m_0，随着网络的发展，节点数演化至 $N=50$。在网络成长阶段，网络节点数量逐渐增多，设定 m 为新增节点与初始节点相连的个数，原有 m_0 个节点同某新节点形成的连边数为 r，且 $r<m_0$，节点之间遵循偏好连接机制，节点一直演化到 $N=100$。在网络成熟阶段，网络节点涌入速度快，数量多，结构更加紧凑复杂，节点数量 $N=300$。在网络的衰退或自我更新阶段，新增节点与初始节点相连的数量将减少，原有 m_0 个节点同某新节点形成的连边数也会减少，此时 $N=500$。

4.3 文化产业技术网络结构仿真实验设计

基于无标度网络的生成机制与文化产业技术网络的发展历程特点，运用 Python+NetworkX 软件中的无标度网络数据库，对文化产业技术网络结构整个发展过程进行仿真模拟。本章将演化过程划定为形成期、成长期、成熟期、衰退或自我更新期，并根据无标度网络的生长机制和偏好连接机制对每个时期的网络结构参数进行设定。

形成期参数设置：$m_0=5$，$N=50$，模拟文化产业技术网络的形成阶段。

成长期参数设置：$m=2$，$r=1$，$N=100$，模拟文化产业技术网络的成长阶段。

成熟期参数设置：$m=3$，$r=2$，$N=300$，模拟文化产业技术网络的成熟阶段。

衰退或自我更新期参数设置：$m=1$，$r=1$，$N=500$，模拟文化产业技术网络的衰退或自我更新阶段。

根据文化产业技术网络生命周期四个阶段仿真出的网络结构及各时期度分布的分析结果，本章进一步得出文化产业技术网络结构在生命周期各阶段反映出的问题，以此有针对性地对不同生命周期文化产业技术网络的发展提出参考性建议。

4.4 文化产业技术网络结构仿真结果分析

4.4.1 形成期文化产业技术网络结构统计特性分析

1. 网络结构

在形成期，应用 Python+NetworkX 软件对文化产业技术网络结构进行仿真，得到的网络结构如图 4-3 所示。

图 4-3 展示了文化产业技术网络在形成期节点数量达到 50 时的网络拓扑结构。该阶段的网络结构特点表现为新节点刚开始涌入，节点数量较少，节点之间尽管择优连接，但联系不够紧密，连边数量不多，整个网络结构较为松散，只有极少的节点与其他节点存在一些技术合

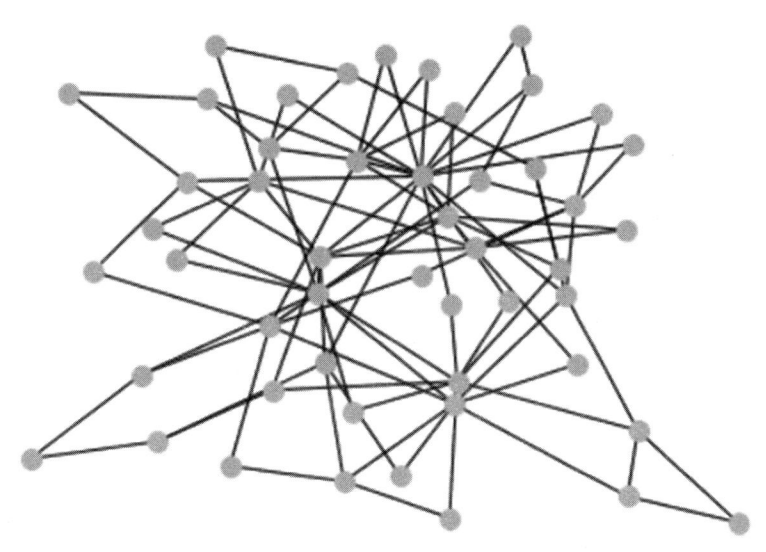

图 4-3　形成期文化产业技术网络结构

作交流，大部分节点的交流很少或几乎为零，整体交流水平也较低。这意味着文化产业技术网络在形成期由于政府出台的政策和措施，大部分企业、中介机构、金融机构等初步成立，尚未形成发展体系，网络化程度不高，各主体缺乏经验，彼此之间合作交流不够频繁，技术扩散与创新还处于萌芽阶段，各主体之间还处于相互了解的过程中。

2. 度分布

对仿真得到的形成期文化产业技术网络结构进行度分布统计，该阶段的度分布和双对数坐标轴下的幂律分布分别如图 4-4 和图 4-5 所示。

从网络幂律分布可以看出，形成期网络结构的特点符合无标度网络的性质。在网络度分布中无标度性质更为明显，网络中较少节点度值较大，意味着连接数较多，而大部分节点度值较小，连接数很少，甚至为零。网络中度值最大达到 18 左右，也就是说这些节点属于核心

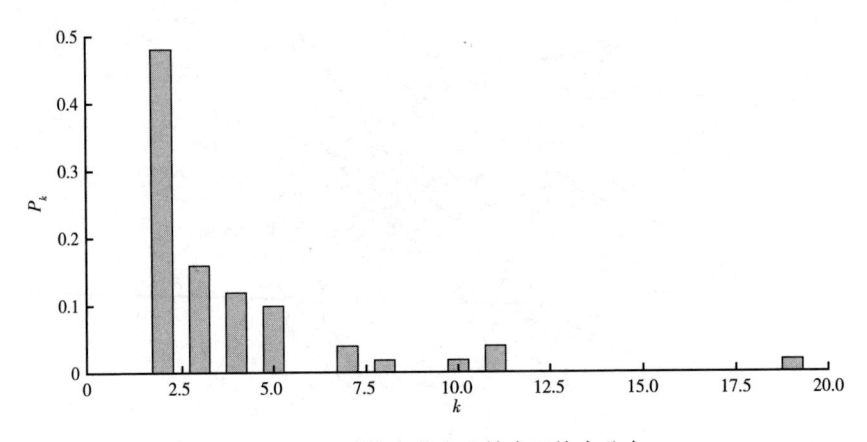

图 4-4　形成期文化产业技术网络度分布

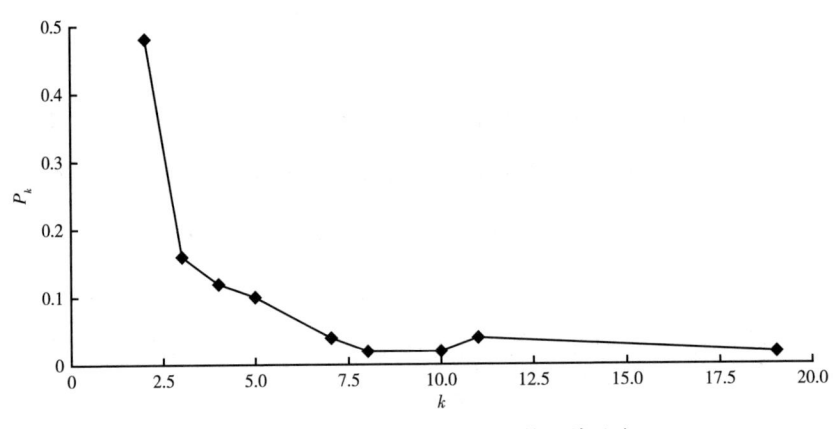

图 4-5　形成期文化产业技术网络幂律分布

节点，在文化产业技术网络中起到控制和支配的作用，能够带动网络中资源、技术、知识的流通，促进各主体合作交流。而大部分节点的度值相对较低，度值在 2.5 附近的居多，说明文化产业技术网络中大部分主体之间交流较少，合作水平低下。因此，综观文化产业技术网络在形成期的结构及度分布情况，其有突出之处，也存在一定问题。

4.4.2 成长期文化产业技术网络结构统计特性分析

1. 网络结构

在成长期，应用 Python+NetworkX 软件对文化产业技术网络结构进行仿真，得到的网络结构如图 4-6 所示。

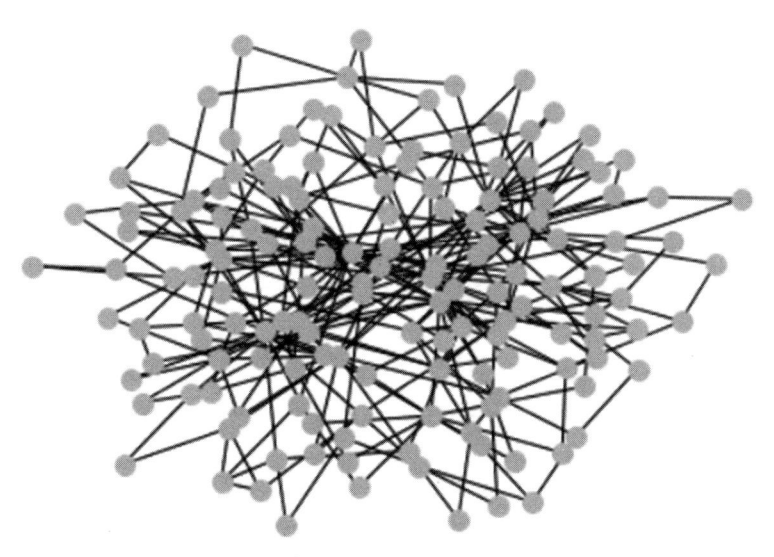

图 4-6 成长期文化产业技术网络结构

图 4-6 展示了文化产业技术网络在成长期节点数量达到 100 时的网络拓扑结构。该阶段的网络结构特点体现在网络节点数量逐渐增多，规模变大，网络结构紧凑程度增大，节点之间的联系普遍增多，同样符合无标度网络性质。这意味着处于成长期的文化产业技术网络在各项政策的支持和行业向好发展下，逐步摆脱了初始的发展困境。企业与企业之间、企业与机构之间的联系更为紧密，合作交流更为频繁，彼此之间的信任度有所提升，技术扩散与创新水平也得到了提

升。并且这种技术合作交流会带动整个文化产业技术网络快速发展，整个网络处在一个相对持续上升且稳定的状态。

2. 度分布

对仿真得到的成长期文化产业技术网络结构进行度分布统计，该阶段的度分布和双对数坐标轴下的幂律分布分别如图 4-7 和图 4-8 所示。

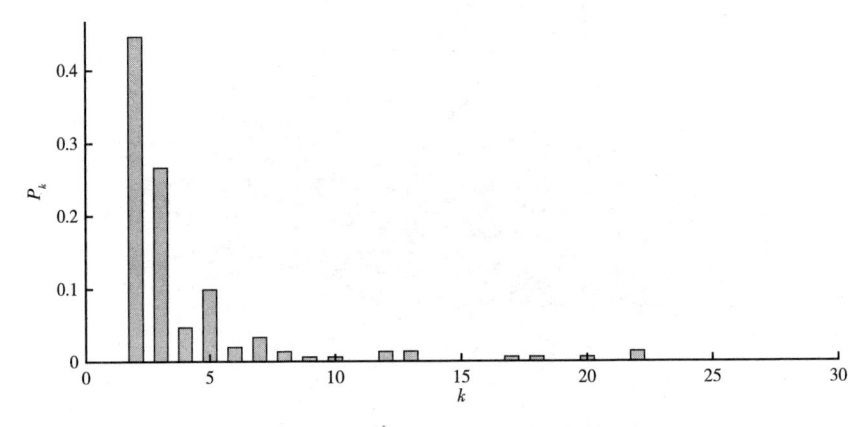

图 4-7 成长期文化产业技术网络度分布

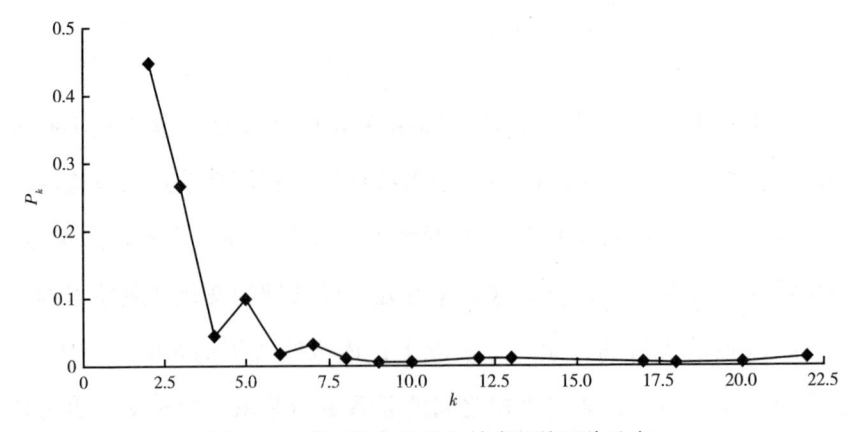

图 4-8 成长期文化产业技术网络幂律分布

成长期网络结构的特点相对于形成期无标度性质更为明显。特别是由成长期网络度分布可以发现，这一阶段网络中少数节点的度值达到了 20~30，较多节点的度值处于 0~5，节点之间的度值差距越来越大。这说明网络中核心节点的优势逐渐凸显，出现了"富者越富"的现象，而这一现象由于偏好连接机制会更加突出。相较于形成期的文化产业技术网络结构，成长期节点度值有所提高，说明整个文化产业技术网络中核心企业或机构增多，知识和技术在网络中的传播将会更加广泛。因此，该阶段仿真得到的文化产业技术网络的结构与度分布从侧面反映出实际网络的发展情况。

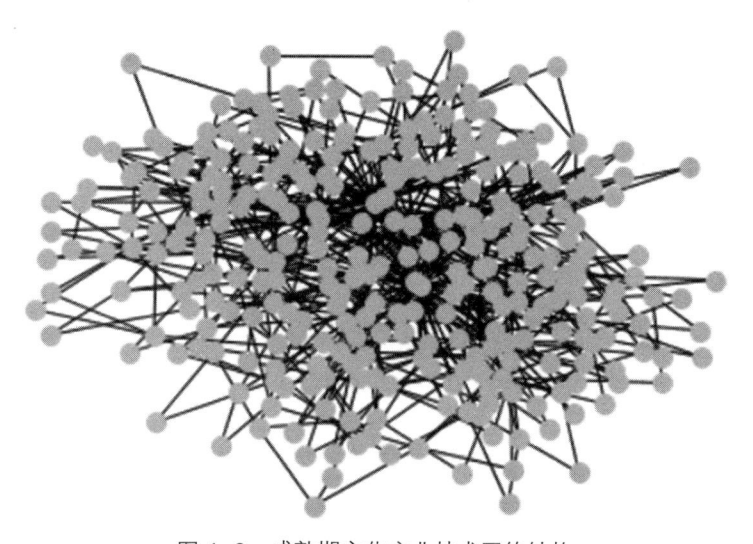

4.4.3 成熟期文化产业技术网络结构统计特性分析

1. 网络结构

在成熟期，应用 Python+NetworkX 软件对文化产业技术网络结构进行仿真，得到的网络结构如图 4-9 所示。

图 4-9 成熟期文化产业技术网络结构

图 4-9 展示了文化产业技术网络在成熟期节点数量达到 300 时的网络拓扑结构。该阶段的网络结构与成长期的结构相比，节点数量和节点间的连边数量显著增多，网络结构更加紧密，网络规模更大且逐步趋向稳定状态。这说明文化产业技术网络在经历了前两个时期的发展后，各主体发展情况趋于成熟，不仅企业和机构的数量在增多，而且它们之间的联系更为频繁，交流合作也达到了高峰，促使整个网络的机能达到最优。文化产业技术网络发展至成熟期，在网络主体数量、主体交流联系、整体结构稳定性方面均逐步成熟，日渐稳定。

2. 度分布

对仿真得到的成熟期文化产业技术网络结构的度分布进行统计，该阶段的度分布和双对数坐标轴下的幂律分布分别如图 4-10 和图 4-11 所示。

文化产业技术网络结构发展到成熟阶段，仍然符合无标度网络的性质，具有显著的幂律特征。从该阶段的度分布可以看出，较少

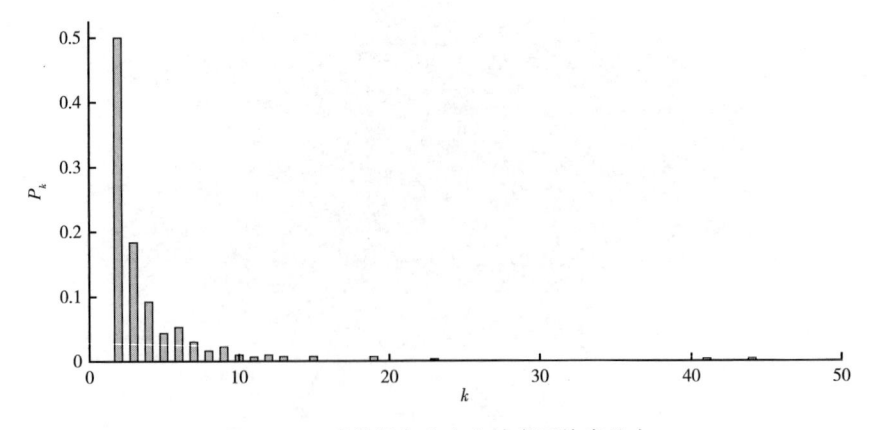

图 4-10 成熟期文化产业技术网络度分布

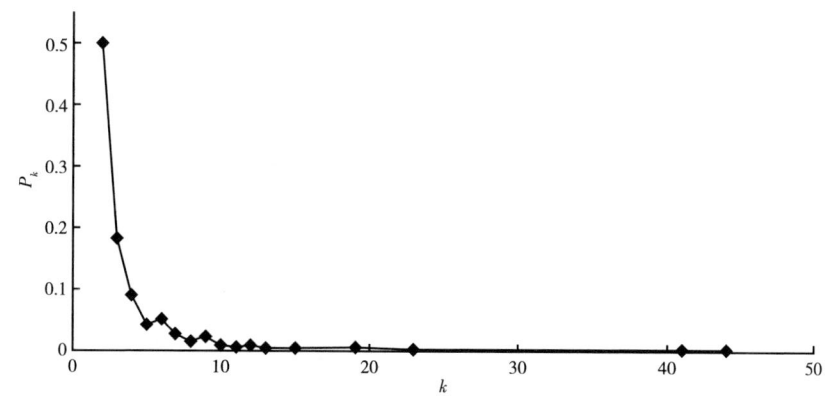

图 4-11　成熟期文化产业技术网络幂律分布

节点的度值超过了 40，相较于成长期的 20~30 又有所提升，体现了网络中核心节点的优势不容小觑，它们的统治力和影响范围更大。而大部分节点度值处于 0 和 10 之间，与高度值节点相差较大，但仍比成长期高。处于成熟期的文化产业技术网络结构逐渐稳定，合作交流更加广泛，知识和技术在该阶段的流通也逐步增强，整体水平有所提高。

4.4.4　衰退或自我更新期文化产业技术网络结构统计特性分析

1. 网络结构

应用 Python+NetworkX 软件仿真模拟文化产业技术网络在衰退或自我更新期的结构，结果如图 4-12 所示。

图 4-12 展示了文化产业技术网络在衰退或自我更新期节点数量达到 500 时的网络拓扑结构。该阶段的网络结构相较于成熟期并没有

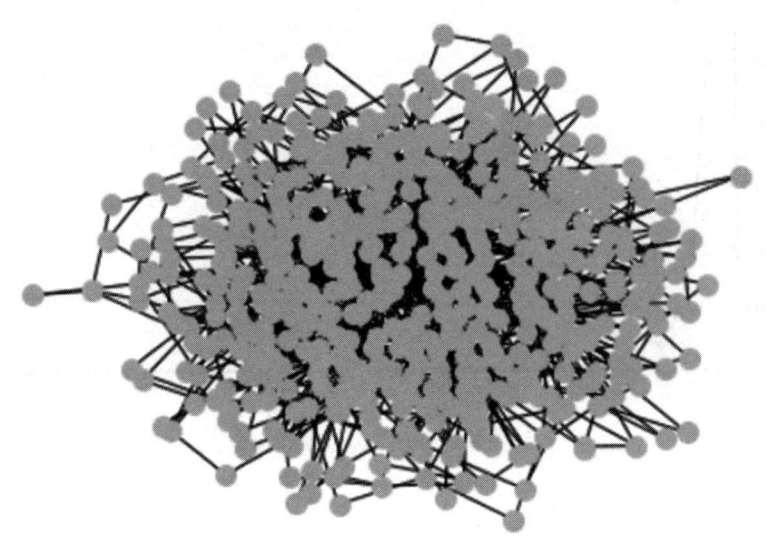

图 4-12 衰退或自我更新期文化产业技术网络结构

显著的改变，节点尽管增加，但节点之间的连接并没有增多。这意味着文化产业技术网络结构发展至衰退或自我更新期时，网络结构很难再有突破，陷入了瓶颈期。在技术网络发展阶段，存在各种各样的风险和管理不善等困难，从而制约了文化产业技术网络的进步。因此，当前文化产业技术网络结构透露出的隐患，将为文化产业技术网络的发展提供参考。

2. 度分布

对仿真得到的衰退或自我更新期文化产业技术网络结构的度分布进行统计，该阶段的度分布和双对数坐标轴下的幂律分布分别如图 4-13 和图 4-14 所示。

文化产业技术网络进入衰退或自我更新期后，大致上仍符合无标度网络的性质。从图 4-13 可以看出，网络中少量节点的度值处于 30~40，与成熟期基本持平，这说明文化产业技术网络结构中核心节

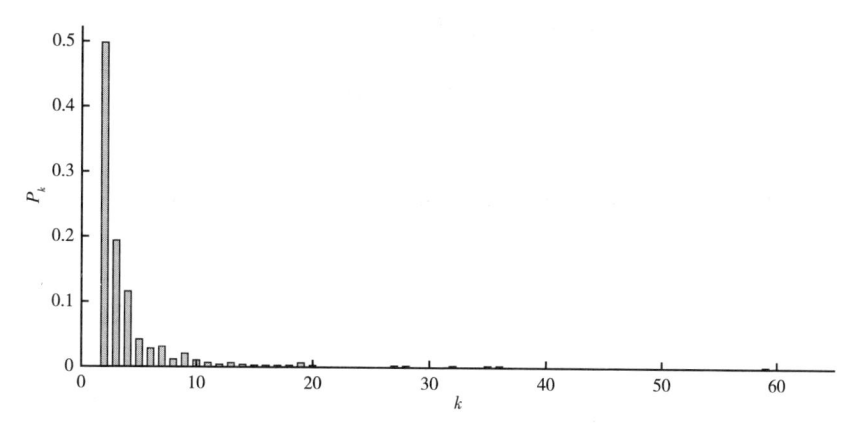

图 4-13　衰退或自我更新期文化产业技术网络度分布

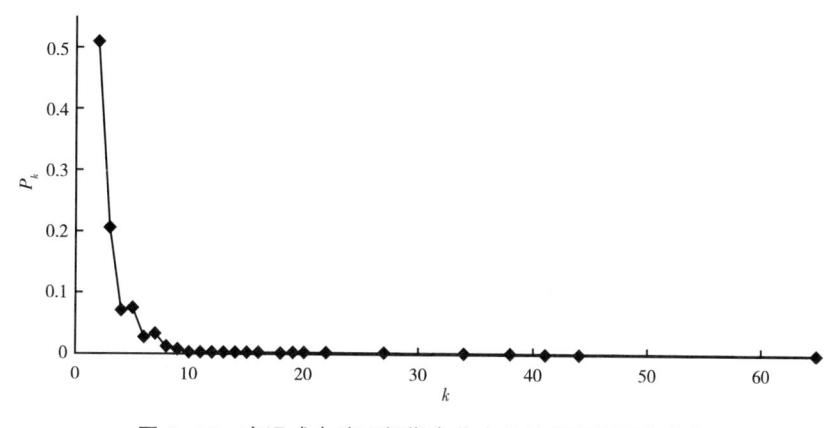

图 4-14　衰退或自我更新期文化产业技术网络幂律分布

点自身水平很难提升，对整个网络的带动作用也有所减弱。大部分节点的度值还是在 0 和 10 之间，也没有提高，这说明文化产业技术网络结构中新加入的节点或旧节点与其他节点的联系受到影响，合作交流整体上有所停滞，不利于文化产业技术网络的良性发展。

4.5 上海张江文化创意产业园区技术网络结构案例分析

4.5.1 上海张江文化创意产业园区的发展历程

上海张江文化创意产业园区是极具代表性的文化产业示范园区，具有很强的文化带动效应。其地处张江高新技术园区，拥有极强的文化和技术基础。上海张江文化创意产业园区将文化与科技打造成园区的核心发展方向，把文化、科技、创新、金融融会贯通，注重品牌企业的打造和规模经济的发展。园区内涵盖了众多创新能力强的文化企业，园区内企业发展方向主要包括数字出版、网络游戏、影音动画、网络教育、新媒体、文化装备等。园区发展至今，已培育出诸多行业内领先的文创企业，比如阅文集团、盛趣游戏、喜马拉雅FM、Bilibili、序言泽网络、达观数据、极豆科技、宽创国际、小蚁科技、亮风台等，形成了明显的"文化＋科技"规模效应和集聚现象，已经形成创意内容创作、生产与运营，以及核心技术支持、前端和终端技术开发等一系列完整的文化产业系统。园区内企业深入合作，形成了严密的合作交流网络。目前，入驻园区的文创企业已有2000多家，企业员工有12万余人。园区将不断优化产业结构、加强文化科技融合，续写发展新篇。张江文化创意产业园区大致发展轨迹如图4–15所示。

1. 形成期

1999年，上海市政府发布了"聚焦张江"的政策规划，以软件、科技等高新技术为基础的文化创意产业应运而生，张江文化创意产业园区就此诞生。在此期间，张江的文化创意产业仍处于起步阶段，尚

```
┌─2004年张江园区─┬─2004年张江园区─┬─2008年张江园区─┬─2011年张江园区─┐
  市委宣传部        文化部          新闻出版总署       文化部
  市文化科技创业产业基地  国家级文化产业示范基地  全国首个国家级数字出版基地  国家级文化产业示范基地

  ┌─2015年张江园区─┬─2012年张江文控─┬─2012年张江高新区─┐
    国务院发展研究中心   市委宣传部        科技部、中宣部、文化部、
    中国文化产业园区100强  首届上海文化企业十强   国家广电总局、新闻出版总署
    第一名                              首批国家级文化和科技
                                        融合示范基地

  └─2016年张江园区─┴─2018年张江园区─┴─2020年张江数字出版基地─┘
    新华社、人民网       市委宣传部         中宣部
    最具实力园区      市文化创业产业示范区   中国游戏产业研究院
```

图 4-15　张江文化创意产业园区大致发展轨迹

未形成集中的规模经济。在这一时期，两个最大的网络游戏企业盛大游戏和第九城市实现了游戏内容的快速发展，逐渐成为网络游戏行业的领导者，并在张江文化创意产业的发展中发挥了主导作用。到了2004年，张江文化创意产业园区已初具规模，取得了多个荣誉称号，在我国文化产业发展过程中站稳脚跟，成为文化产业发展的"领头羊"。2005年底，张江文化创e孵化器开始筹建，它是一种以服务换股份的创新孵化模式。园区基于该平台进行项目的申报、评选、投融资、孵化等，解决了园区内资源受限、管理不当等问题。张江也逐渐诞生了动漫网游、影视制作、多媒体软硬件开发等更多新兴文化创意产业形态，发展出一批在原创内容生产、文化科技等方面拥有巨大潜力的新型文化企业。

2. 成长期

2008年，张江集团特别创办了上海张江文化控股有限公司，目的在于为产业园区提供全面的指导和服务，从整体上把握张江文化创意产业园区的发展。一是通过政策集成，吸引优秀企业和投资商入驻园区，并促进园区内企业持续发展。二是为园区的稳定长久运作营造信任、积极、创新的运营环境。三是引进优秀的人才资源，从根本上提升园区的创新能力，塑造发展优势。四是合理配置各方面资源，保证园区内企业均衡发展。因此，该公司的出现将推动张江文化创意产业园区进一步成长为我国最为领先的"文化+科技"产业集聚地，打造出全国乃至全世界优秀的文化产业中心。同年，张江文化创意产业园区被誉为"国家级数字出版基地"，这将文化产业新发展方向的产生和集聚提升到一个高度。而随着园区的发展，园区内企业成长显著，发展出一批以创意内容为主营方向的优秀企业，如盛大文学、中文在线等。这意味着张江文化创意产业园区在创意内容的生产创作等方面取得了初步成效。到了2010年，张江文化创意产业园区内以内容创作、游戏动漫等为主的企业数量达到了近400家，产值达到了100多亿元，园区发展初具规模，形成了具有较高水平的文化创新性集聚中心，形成了具备较强文化竞争力的产业集聚区。

3. 成熟期

2011年开始，政府和有关部门对张江文化创意产业园区的建设给予了高度的关注。张江文化创意产业园区成为"国家级自主创新示范区"和"文化产业示范园区"，是我国唯一一个不依赖于旅游产业和地域特色，以文创、科技为中心的大型文化产业集聚地，在业内处于领先地位。在政策和制度的影响下，张江文化创意产业园区今后将聚焦于建成全世界范围内具有强大影响力的文化创意产业园区、高新尖技术开发中心、金融交易服务中心、卓越精英集聚地等，继续体现作为文化产业领跑者的功能和影响力。2012年，张江文化创意产业园区又成为首批"国家级文化和科技融合示范基地"。同年，上海张江文化控股有限公司进行了自我更新，为文化产业园区的发展提供一体化服务。相较于成立初期，其运行体系更为全面和成熟，能够全方位服务于园区的发展。2015年，张江文化创意产业园区位居中国文化产业园区100强第一名，其知名度和感染力只增不减。同年，该公司发布了"张江国创中心"和"创e空间"全新的战略目标，意在将空间生态系统概念融入园区发展中。"张江国创中心"是从"生态"这一概念出发，构建一个集科技创新与智能商务于一体的国际化交流中心。而"创e空间"将构建创新创业服务平台，推动越来越多的中小型企业和有前途、有理想的青年进行创业，为园区内有目标、有潜力的个人、团队及企业提供全方位的创业服务。

4. 衰退或自我更新期

2016年，由于市场环境动荡、资金短缺、管理不当、经验不足等原因，部分规模较小的企业存在亏欠租金、退租等现象，导致这些生存困难的中小企业退出园区，造成园区主体数量减少，从而进一步影响园区的稳定性和持久性。还有一部分企业由于本地和外省企业拥有更为有利的政策和财政补助等措施，行业竞争十分残酷。因而，这些企业选择了财政补助更多的园区，迁出张江文化创意产业园区，导致园区内的企业数量再次减少。面对园区内中小企业的大量流失，以及激烈的市场竞争，上海张江文化控股有限公司更加注重对版权和专利的保护，建立了上海作品版权登记保护应用平台，保证了园区内企业的创新成果。因此，对于文创园区的发展，不能忽视中小企业的存在，及时发现中小企业存在的问题和困境，并为其提供相应的支持和服务，有助于园区稳定持续的发展。

4.5.2 数据来源与处理

本章通过上海市文化创意产业推进领导小组办公室官网文创园区专题以及相关网页信息，整理归纳上海张江文化创意产业园区在整个发展周期中存在的企业，然后借助国家知识产权局专利检索与分析平台对园区内的企业进行联合申请专利检索。联合申请专利作为一种可以衡量主体间技术合作与交流的指标，可以体现出文化产业技术网络在发展过程中的技术交流合作，也展示了企业之间的技术创新能力。在检索过程中，没有时间限制，检索对象为整理出来的张江文化创意产业园区内的企业，从而得到最初版本的检索结果。之后，对数据进行筛选，即保留有 2 个及以上申请人的联合申请专利。最后，根据上海张江文化创意产业园区发展周期的不同时间阶段，将联合申请专利数据进行归类，基于这些数据，利用 Python+NetworkX 软件对网络结构进行分析。

4.5.3 数据分析及结论

1. 张江文化创意产业园区形成期的技术网络

（1）网络结构

基于张江文化创意产业园区形成期的联合申请专利数据，其形成期技术网络结构如图 4-16 所示。

图 4-16 展示了上海张江文化创意产业园区在形成期的技术网络结构，图中节点越大、连边越多，代表节点联系越多、节点在网络中的地位越重要。该阶段节点稀少，节点之间的联系也很少。这意味着

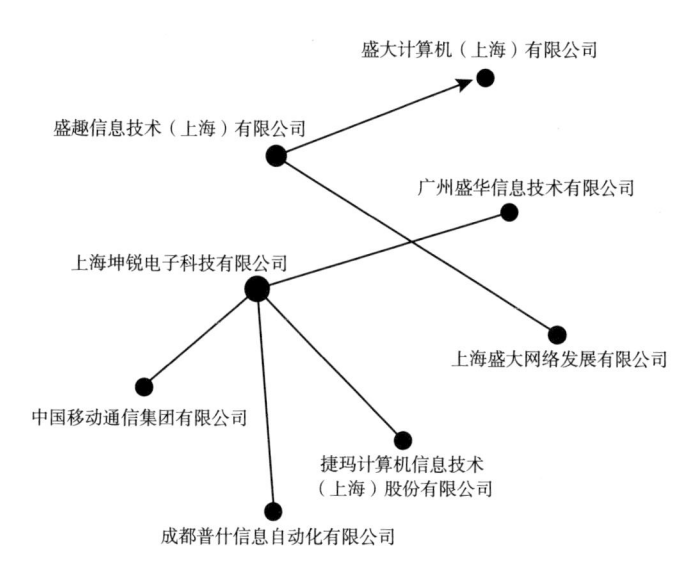

图 4-16　张江文化创意产业园区形成期技术网络结构

张江文化创意产业园区在形成期各企业机构刚刚成立，整个园区运行体系还不完善，企业之间的合作关系还不成熟，缺乏经验交流，处于各主体相互了解的阶段。从图 4-16 可以看出，在园区成立初期，企业之间的联合申请专利往来很少，但仍存在一些企业有知识、技术方面的合作交流，这有利于企业的创新发展，也有利于整个园区逐渐成熟发展。这一时期，上海盛大网络发展有限公司、盛大计算机（上海）有限公司和盛趣信息技术（上海）有限公司发展最为迅速，成为园区中的领头企业，通过技术交流、知识扩散等方式带动其他企业创新发展。因此，张江文化创意产业园区形成期的特点与文化产业技术网络理论相一致，也符合无标度网络的特征。

（2）度分布

对仿真得到的上海张江文化创意产业园区形成期技术网络结构的度分布进行统计，该阶段的度分布和双对数坐标轴下的幂律分布分别如图 4-17 和图 4-18 所示。

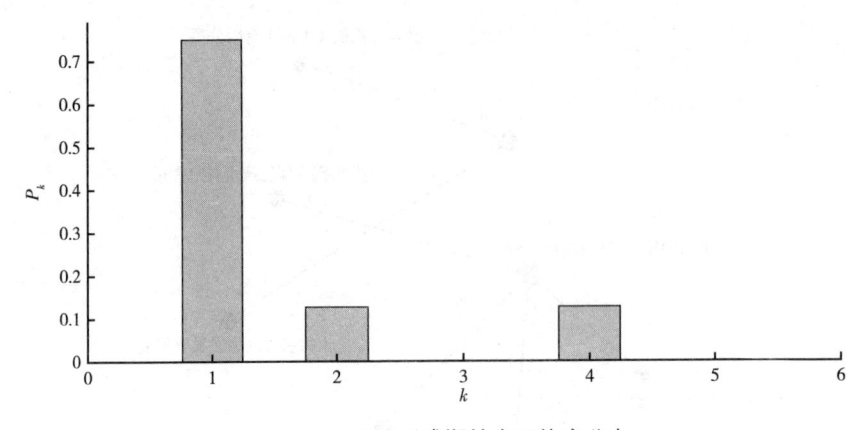

图 4-17 园区形成期技术网络度分布

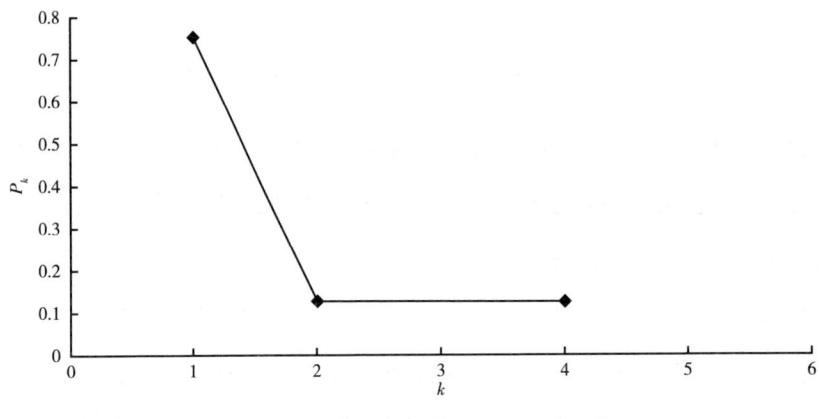

图 4-18 园区形成期技术网络幂律分布

由图 4-17 可知,张江文化创意产业园区形成期的技术网络中极少节点的度值较大,其他节点的度值略小,与无标度网络性质一致。这表明只有少数网络节点与其他节点之间具有很高的流通率,而大多数节点之间的联系很少。在形成阶段,节点的度值最大为 4,其余大多数为 1。这说明与大部分节点相比,在网络中只有小部分核心节点存在高度的合作联系,它们在网络中处于领军地位。而网络中的大多数节点之间的合作关系很弱,甚至没有任何关联。

这个阶段的特征与张江文化创意产业园区形成期的现实状况是吻合的。

2. 张江文化创意产业园区成长期的技术网络

（1）网络结构

基于张江文化创意产业园区成长期的联合申请专利数据，其成长期技术网络结构如图 4-19 所示。

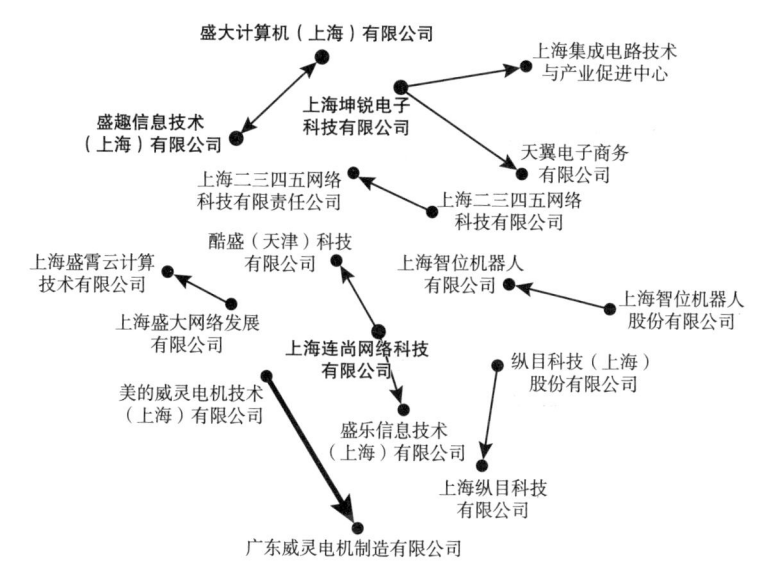

图 4-19　张江文化创意产业园区成长期技术网络结构

图 4-19 展示了上海张江文化创意产业园区在成长期的技术网络结构，与形成期相比，图中的节点和节点之间的关联都有明显的增多，这表明新节点的数量在增多，网络的规模也在扩大。从网络结构的变化可知，上海张江文化创意产业园区发展到成长期时，园区内发展体系逐渐成熟，新的企业和机构加入园区，并且企业和企业间的合作往来也逐渐深入，多主体之间信任度提升、联系紧密。该阶段，园

区中美的威灵电机技术（上海）有限公司和广东威灵电机制造有限公司有着密切的联系，成为该时期的领头企业，带动企业间知识和技术的交流合作，使得上海张江文化创意产业园区进入快速发展的阶段。

（2）度分布

对仿真得到的上海张江文化创意产业园区成长期技术网络结构的度分布进行统计，该阶段的度分布和双对数坐标轴下的幂律分布分别如图4-20与图4-21所示。

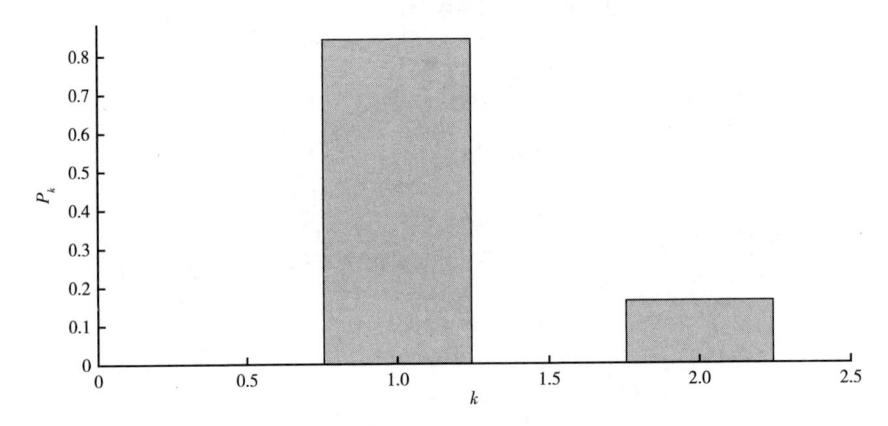

图4-20 园区成长期技术网络度分布

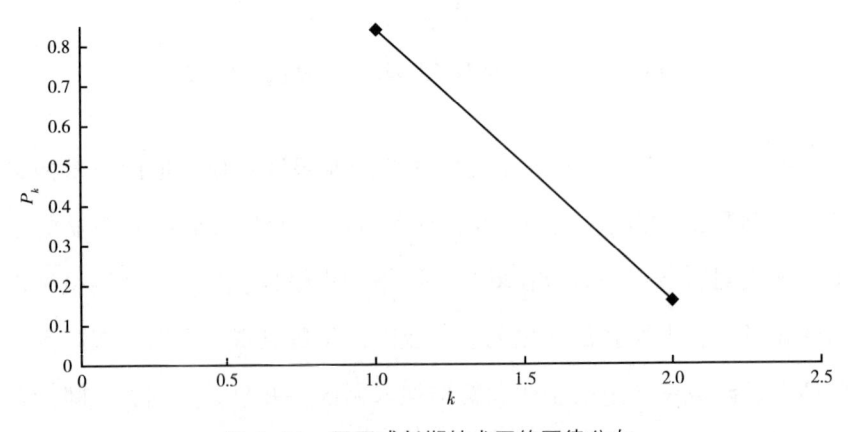

图4-21 园区成长期技术网络幂律分布

从图 4-21 可以看出，成长期技术网络的幂律分布特征十分显著，从图 4-20 中也可以看出，成长期技术网络中少量节点的度值在 2 左右，其他节点仍在 1 左右，节点间的联系差距较小。也就是说，张江文化创意产业园区进入成长期后，随着政府政策的出台以及园区辅助机构的成立，整个园区的发展情况一路向好，不仅入驻企业逐渐增多，而且企业之间的合作往来也越发紧密，这将进一步带动园区的发展。

3. 张江文化创意产业园区成熟期的技术网络

（1）网络结构

基于张江文化创意产业园区成熟期的联合申请专利数据，其成熟期技术网络结构如图 4-22 所示。

图 4-22 为上海张江文化创意产业园区成熟期的技术网络结构。从图中可以看出，步入成熟期后，网络中节点明显增多，网络规模达到最大，节点之间的联系也越发紧密，网络结构相较于前两个时期更加复杂紧凑，网络的状况趋于平稳。这说明这一时期张江文化创意产业园区各项措施体系都已成熟，众多利好措施促使各类型文创企业不断发展壮大，企业自身水平得到显著提高。随着企业间合作和交流越来越普遍和深化，园区内部的一体化创新得到了极大的推动，园区也具有更大的规模，稳定性更强。特别地，企业不再只是与其他企业产生联系，而是拓展为与大学、机构、协会等多主体之间的合作交流。

（2）度分布

对仿真得到的上海张江文化创意产业园区成熟期技术网络结构的度分布进行统计，该阶段的度分布和双对数坐标轴下的幂律分布分别如图 4-23 和图 4-24 所示。

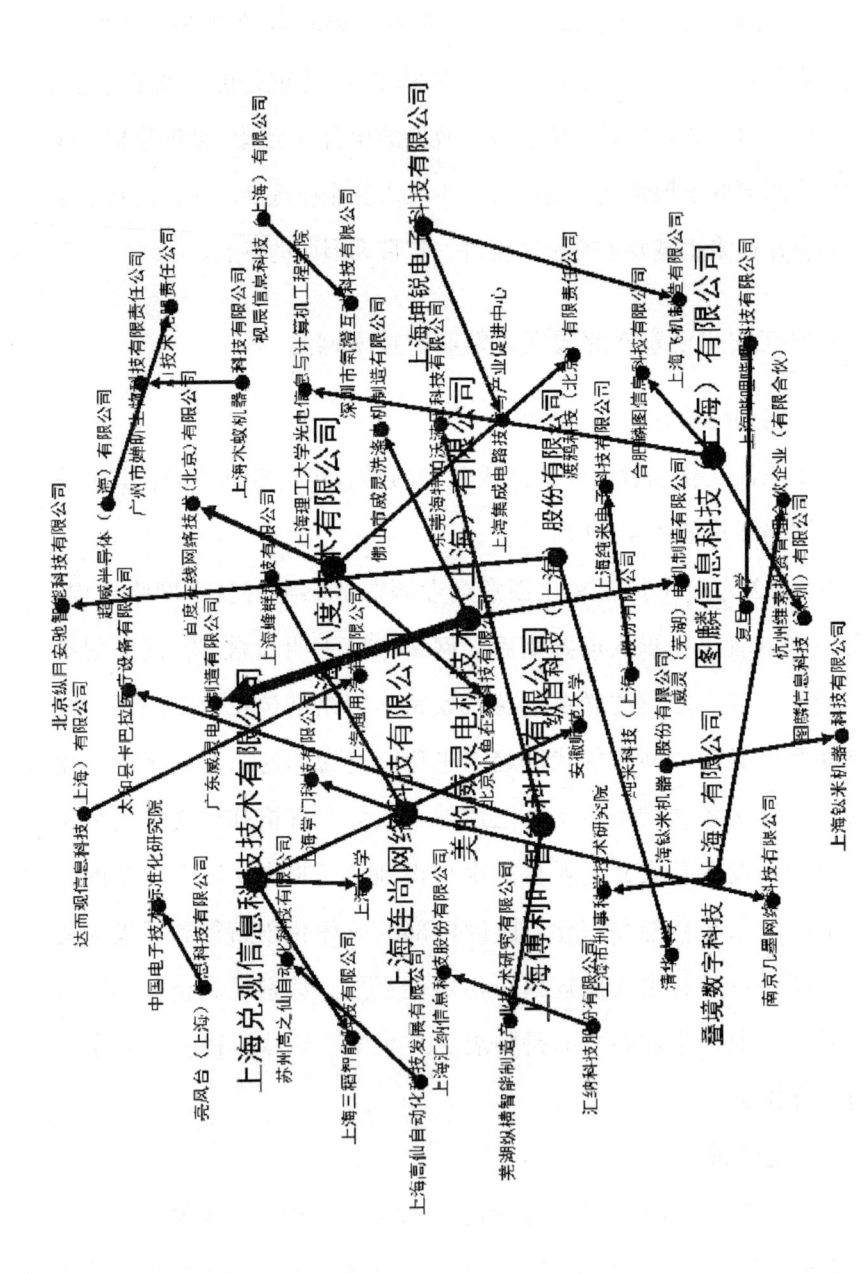

图 4-22 张江文化创意产业园区成熟期技术网络结构

从图 4-23 可以得到，成熟期的技术网络结构特点依旧是少量节点间存在高度值、高连接，其他节点一般度值小、连接少，符合文化产业技术网络无标度特性。其中，节点度值最大在 3 左右，在网络中位于核心地位，更具备竞争优势；节点度值最小在 1 左右，还是缺少多主体之间的联系。这一时期的网络统计特性与上海张江文化创意产业园区发展情况十分吻合。

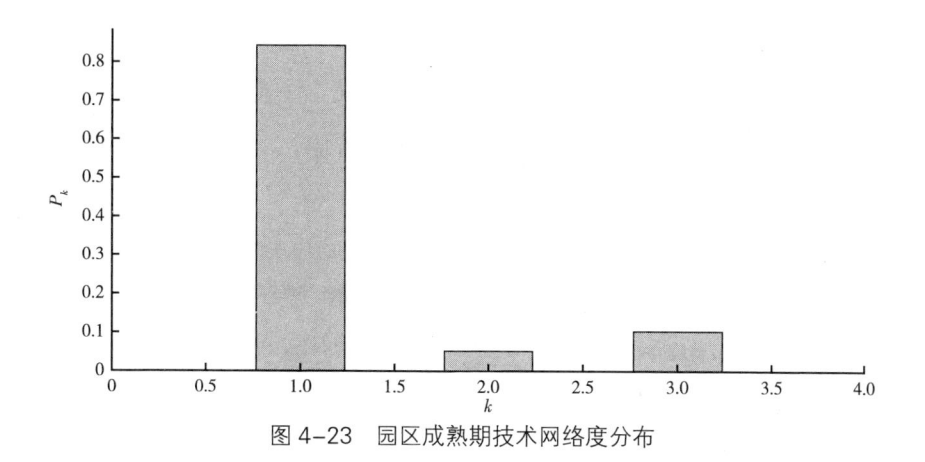

图 4-23 园区成熟期技术网络度分布

图 4-24 园区成熟期技术网络幂律分布

4. 张江文化创意产业园区衰退或自我更新期的技术网络

（1）网络结构

基于张江文化创意产业园区衰退或自我更新期的联合申请专利数据，其衰退或自我更新期技术网络结构如图4-25所示。

图4-25显示了上海张江文化创意产业园区衰退或自我更新期的技术网络结构，与成熟期相比，其技术网络结构更加宽松，节点数量和连接数量都有所减少。从图中可以看出，该阶段张江文化创意产业园区中核心企业包括美的威灵电机技术（上海）有限公司、上海影创信息科技有限公司、上海小度技术有限公司、百度在线网络

图4-25 张江文化创意产业园区衰退或自我更新期技术网络结构

技术（北京）有限公司和纵目科技（上海）股份有限公司。园区中核心企业数量增多，但连通性不强，新加入企业数量也有所减少。一是由于网络结构陷入瓶颈期，创新困难；二是资金、资源等问题致使企业生存受阻，张江文化创意产业园区陷入衰退或自我更新期。

（2）度分布

对仿真得到的上海张江文化创意产业园区衰退或自我更新期技术网络结构的度分布进行统计，该阶段的度分布和双对数坐标轴下的幂律分布分别如图4-26与图4-27所示。

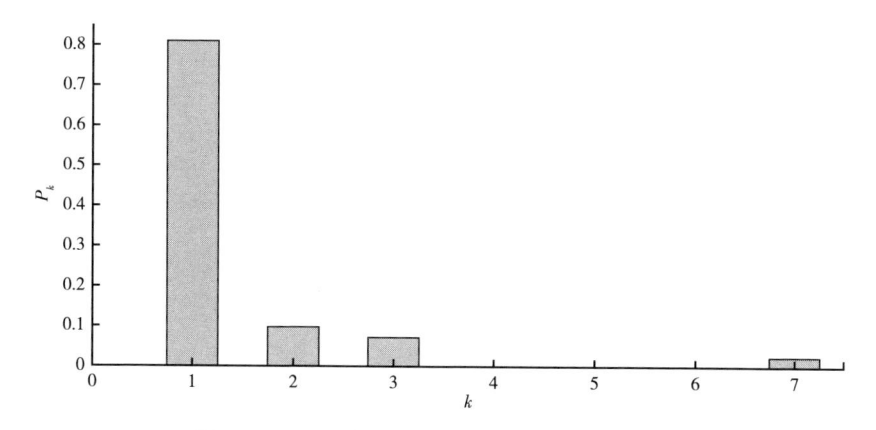

图4-26 园区衰退或自我更新期技术网络度分布

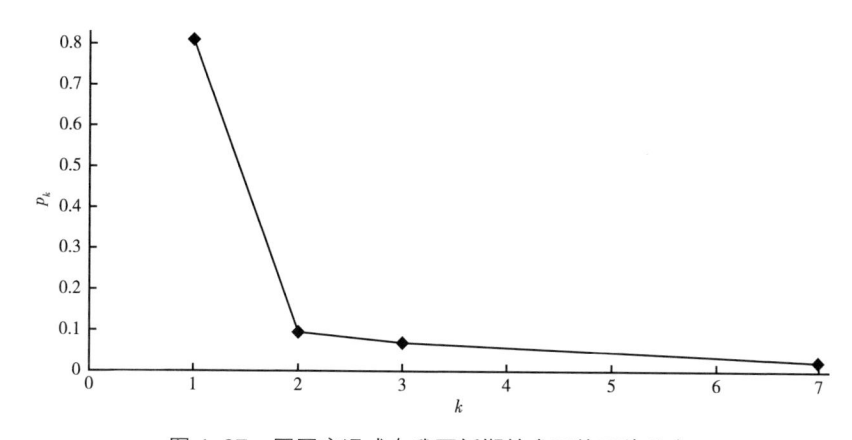

图4-27 园区衰退或自我更新期技术网络幂律分布

张江文化创意产业园区进入衰退或自我更新期后，其技术网络结构依旧保持无标度特性。相较于成熟期，此阶段度值较大的节点有所减少，但大部分小度值节点无较大差异，整个技术网络结构并没有显示出优化和创新之处。这一阶段的技术网络结构特性反映出张江文化创意产业园区陷入发展困境，核心企业和其他企业相较成熟期有所减少，园区内企业创新和交流合作有所停滞。

第5章
人工智能时代中国文化产业效率变革的典型事实

本章是在前文的理论基础上，对人工智能时代文化产业业态变革、组织与空间形态变革、技术体系变革进行现状白描，以及运用 DEA 模型测算我国 2015~2019 年的文化产业效率，对人工智能时代文化产业效率变革进行实证分析。

5.1 人工智能时代中国文化产业业态变革的典型事实

人工智能与 5G、物联网、AR/VR 以及云计算等技术紧密结合，开启了万物互联的新时代，人工智能技术与文化产业不断融合创新，推动新兴文化业态不断崛起。从统计数据来看，2020 年文化新业态特征较为明显的 16 个行业小类实现营收 31425 亿元，比上年增长 22.1%，远高于文化及相关产业企业营收的平均水平[1]，以技术为主导的新兴数字文化业态成为推动我国文化产业升级的重要引擎，并显现出较强的国际竞争力。以游戏产业为例，2019 年中国以 261.5 亿美元的市场收入位列全球游戏市场规模第一，在全球市场中的占比约为 30%[2]，且我

---

[1] 《国家统计局社科文司统计师辛佳解读 2020 年全国规模以上文化及相关产业企业营业收入数据》，中国企业新闻网，2021 年 2 月 2 日，http://www.gdcenn.cn/a/202102/498121.html。

[2] 数据来源：《2019 中国游戏产业年度报告》。

国自主研发的移动游戏集中在美、日、韩等主流市场，表明国产移动游戏在海外的影响力日益提升。

5.1.1 人工智能时代文化产业生产端新业态

传感器生产与云端人工智能技术使物联网领域发生了重大变革，物联网通过智能传感器实现数据信息的云端传输与智能感应。智能化的传感器是人工智能时代文化生产端的重要特征。在人工智能技术主导下，越来越微型化、智能化的传感器将生产信息不断纳入物联网系统，不仅能节约生产成本，也能提高文化产品的自动感知能力，促进文化产业供应链的可视化。运用射频识别信息传感技术，物联网把物品与互联网结合起来，推动智能化识别与管理的发展，同时，由于5G技术的发展，该系统具有低延时、高速率、大连接的特性，扩大了数据传输体系，用户需求日益丰富。

在实际的文化产业运用中，以传感器为代表的文化智能制造系统归属于高端制造的范围，主要在三个维度聚焦文化生产。一是携带式智能穿戴设备等新型物理设备的生产。在5G通信技术的大力支持下，VR/AR技术的应用新闻报道、游戏赛事直播间等交互方式显现出很大的发展潜力，对智能穿戴设备的便携式和方便性提出了更高要求，降低了进入的技术门槛，全是电子器件传感器。二是传感器新闻报道等新型虚拟商品的生产。伴随传感器的广泛运用，新闻媒体能够即时应用来源于物联网的信息，不但拓展了获取信息源的途径，还确保了数据库的自动更新，以此来实现新闻报道视角的自主创新，丰富了新闻报道含义。三是信息互联。信息是物联网的核心使用价值。在传感器影响下，自动更新的数据信息增强了文化商品间的联系，包括商品从生产到交易全生命周期的纵向互联，也包括不同商品间的横向互联。

　　云计算技术为生产提供了很多的数据与数据分析方法，促使文化产业产品和服务生产更为高效便捷。云计算技术是物联网技术高速发展的关键因素。美国国家标准与技术研究院（NIST）明确提出，云计算是一种运用互联网，根据需求随时随地访问共享资源池的计算模式。5G连接一切，云计算技术处理海量数据存储难题，如迁移数据、手机软件、硬件配置等。云空间推动企业、政府部门、科研机构间的信息分享，让顾客通过一些智能终端随时连接云空间庞大的网络资源。另外，云计算技术使企业间资源迅速流通，为企业间的交流合作带来了机遇，推动了新产品的研发。公共性云计算服务能够缩小企业间在信息共享、传送和App连接层面的差距，协助企业开展资源置换和新产品开发。根据云计算技术促进企业和客户间的信息交流，并凭借企业对市场需求变动的敏感度和协调能力，达到减少生产成本与降低经营风险的目的。例如，根据5G和云计算技术的云VR技术，将具体内容储存和图像展现技术创新到云空间，降低了对消费者智能终端的硬件要求，不但减少了维护成本，也推动了轻量VR终端设备的高速发展。

5.1.2　人工智能时代文化产业运营端新业态

　　平台化是当代大数据的本质特征。在人工智能技术和5G技术主导的大数据时代，互联网技术平台化的态势会更加显著。5G的低功耗改变了传统式内容生产平台的经营模式，加强了用户对平台的依赖程度，进一步推动了平台生产制造一体化。

　　平台内容化和内容平台化是现阶段产业运营的主要发展趋势。一方面，各种各样的网络资源聚集在网络平台上，利用多种渠道公布原创设计内容；另一方面，平台吸引了各种内容生产者入驻，打造出开放共享的平台。5G和人工智能技术联动发展，全方位发展大数据生产、传播和销售，促进文化产业领域向智能化、平台化方向快速发展。低功耗是5G技术的重大进展。与4G相比，5G技术能将通信延迟时间降到1毫秒左右，很好地克服了数据信息传输延迟问题。低功耗代表着较低的功能损耗和更长久的应用，降低了物联网准入门槛。在这种环境下，物联网技术将生活中的一切都变成了终端设备，突破了"人与人的沟通"方式的局限性，走向了"人与物的沟通"和"物与物的沟通"的方式，造就了"沉浸式体验"的信息环境。

平台升级和自主创新为用户带来了更丰富的体验，促进UGC模式多样化传播。视频后期制作、传播、平台服务项目也展现出融合发展的趋势。因为技术及设备限制，传统节目、比赛直播等内容制作权被电视台、视频平台和制作公司控制，参加者或用户自始至终只能被动参与。伴随集成化平台的迅速发展、传输速率和支撑点技术的突破，用户和内容创作者的影响力出现了比较大的转变。用户能够在管理平台上迅速建立和提交更好的短视频内容。以巡回演唱活动等内容的直播间为例子，5G技术的低延时、低功耗、高速运行等优点被精确捕获，能够降低一般用户制作和传播视频的时间成本。大量个性化、多方位、高质量视频可在智能服务平台上在线观看、制作和精准传播，展现出高维度UGC模式下的融合发展趋势。

5.1.3　人工智能时代文化产业营销端新业态

凭借着高速率、低延时的优点，5G与人工智能技术推动的信息量呈指数级增长，为文化产业生产销售人员带来了海量数据。数据分析成为现阶段文化产业营销推广最主要的方式。在分析海量用户信息的前提下，个性化推荐和场景搭建能够有效提升文化产业的营销精准度和经营效率。

传统的产品营销策略是不断利用媒体渠道对产品进行宣传，但是这种方法的精准度低，无法实现文化产品的精准推送，商品交易转化率低，给公司带来了很大的成本负担。以5G和人工智能技术作为支撑，企业能够通过对比分析大量用户信息，用算法实现对用户的精准刻画，最大限度地精准定位目标客户人群，寻找新产品的潜在消费者，然后开展精准定向广告营销，减少广告成本。例如，当消费者通过手机、电脑浏览器等社交网络访问有关信息时，便可以实现相关文化产品和服务广告的精准投送，消费者对广告不满的情绪会变弱，潜在地引起消费者对文化产品的兴趣。

场景营销是在移动互联条件下，根据消费者位置、时间、场景信息，连接线上与线下，精准识别场景要求，开展场景化消费行为，为文化产业企业获得客户、创建场景、认知用户习惯提供支持。罗伯特·斯考伯（Robert Scoble）和谢尔·伊斯雷尔（Shel Israel）在《即将到来的场景时代》中给出了"场景五力"这个概念，将大数据技术、移动终端、社交网络、感应器、手机定位系统定义为"场景五力"。5G技术将感应器、手机定位系统和大数据传输分类，使场景营销推广变成人工智能时代文化产业营销的关键推广工具。通过一些传感器设备和手机定位系统，能够实时收集消费者在网上的活动信息和消费行为。该方法能够助力企业智能匹配消费者需求，搭建个性化智能消费场景。网上真正场景的大数据营销、VR/AR技术塑造的虚拟器为场景营销推广增添了新的可能性。例如，旅游业发展利用虚拟现实技术展现酒店客房全景，推出线上展览馆等，进而增强游客对特殊场景的认知，体验消费，丰富游玩感受。

5.1.4　人工智能时代文化产业设备终端新业态

5G 和人工智能技术在文化产业领域和定制化应用领域，将更改信息传递方式，激发各种各样的终端设备，为用户带来更高维度的体验。在 5G 移动通信技术条件下，数据信息被新式终端设备收集并及时散播，从各个视角丰富了用户体验，造就了与众不同的维度空间和定制化情景。传统终端设备的体验只停留在二维层面，视觉听觉系统认知比较有限。在人工智能时代，移动通信技术传输速率高、传输延迟低及其增强现实技术，进一步丰富了用户体验和代入感。除此之外，因为终端设备价格比较贵、容积巨大，VR 等新兴技术终端设备的维护成本上升，覆盖率难以实现快速增长。

各种设备终端以 5G 技术和人工智能技术为基础，不断丰富用户体验，让人产生在"三维空间"乃至"高维空间"身临其境的感觉。在 5G、人工智能、大数据、物联网等新兴技术的大力支持下，运用 VR/AR/MR 等技术方式，打造更为逼真的虚拟空间，丰富感观体验。例如，VR 技术从视觉上迅速产生虚拟和三维空间的形象，AR 技术还可以在真实三维世界中获得与虚拟空间的重叠。伴随技术的升级，更加轻巧、方便、快捷的终端设备更为普及化，虚拟空间现实感更为常见和多种多样。5G 的应用为万物互联构建了一座数据共享的虚拟桥梁，各种各样的感知设备能够及时将人的情感与行为的改变传达给外部，进而向大众传递信息，从多层次丰富人与环境的沟通方式。

5G 与人工智能技术在数据传输和数据交换上的优势为用户提供了

更多的选择,也支持用户定制个性化场景。自定义场景是一个比多维空间更注重主观性的概念,它把用户自身的体验放到最重要的位置。与搭建的虚拟空间相比,个性化情景更加关注用户的感受和收看体验,构成了个性化场景下的新式关联。如此一来,不但可以让视觉体验愈来愈接近现实用户,更为重要的是能够"定制"用户观看的场景和具体内容,而非传统直播间固定不动的视角、同样的播放内容,从而使用户得到足够的自主管理权。在2020年全国两会召开的新闻报道中,交互式新闻逐渐成为主流,用户能够进行互动,选择自己喜欢的主题进行新闻报道。

5.1.5 人工智能时代文化高频数据新业态

精准服务与圈层重新构建边缘测算作为云计算新的算法模型,增强了数据处理方法的及时性和准确性,让文化企业可以简单高效地了解消费者需求,提供更精准的文化服务,进一步推进交易圈层的重新构建。

测算边缘数据处理方法的优化计算模型,助力文化企业合理收集用户信息,最准确地完成用户服务项目。云计算和边缘计算是 5G 和人工智能技术主导下进行海量信息计算的算法模型。它们使用不一样的节点计算水平进行数据处理,完成智能化服务。现阶段,基于云计算的推荐系统尽管可以实现精准的广告投放,但物联网技术所产生的海量信息势必会对已有的云计算方式产生压力,造成数据计算延迟等诸多问题。因而,边缘计算作为一种邻近数据库测算的方式,运用"邻近性标准"在连接端建立精准模型,减少数据延迟,减轻网络运行压力,让企业可以更有效地接收来自消费者的实时动态信息。消费者占主导，公司应该根据消费者的需求变化适度开展定制化服务，将消费者的即时意见反馈给新产品的生产者。比如虚拟现实技术和增强现实技术对数据库的及时性和计算水平要求比较高。但是受到技术标准、续航、规格等因素的影响，VR/AR技术现阶段依靠的智能穿戴设备计算水平较低，严重影响用户体验。根据在移动终端上的部署测算每日任务，缓解云服务器运算通信负荷，实现VR/AR技术在移动智能终端的高品质运用。

在边缘计算中，精准的用户服务项目有利于领域重构用户社交圈，完成更有效的营销推广。"圈层"这个概念始于房地产行业。原本的意思是在新楼盘周边划分商业圈来判定潜在用户群体的质量，协助楼盘完成市场定位和细分市场。伴随时代的发展，社群营销慢慢扩展到别的行业，变成极为重要的精准销售方式。在人工智能技术的指引下，海量信息将完全呈现用户的行为习惯，根据精准服务项目为用户提供机会。文化产业内容生产端与交易端用户需求完美结合，能将具体内容精准推送给用户，搭建从品牌到用户的垂直社区。在5G与人工智能技术的支持下，大数据技术精准营销打造出了"去中心化"的用户圈，商品营销广告精准接触社群用户。社群用户付款后，商品根据口碑营销，社区用户进一步扩大，重新构建社区用户，社群经济由此形成。

5.2 人工智能时代中国文化产业组织与空间形态变革的典型事实

随着人工智能时代的到来，人工智能技术与文化产业不断融合，取得不错发展，但是受到近年来新冠疫情的影响，人们在空间上的集聚受阻，传统文化产业的发展遭到重创。为了寻求新的发展与突破，文化产业与5G、人工智能技术实现新的深度融合发展，改变了文化产业的组织和空间形态，最初级的网络直播、虚拟博物馆变得更加火热，再到将演出、展览、旅游等传统受到空间限制的文化产业与现代人工智能技术、VR技术与5G技术结合，打破空间距离限制，增强网络互动的现实感和沉浸式体验感，逐渐推出"云观展""云蹦迪""云演出""云赏花"，使文化产业再次焕发生机，为满足人们日益增长的精神文化需求做出巨大贡献。

首先，自2020年新冠疫情发生以来，国内各大展览馆、博物馆为减少空间上大规模集聚，所有线下活动均按下了"暂停键"。此时，为了满足人们对精神文化的需求，管理者也不断寻求突破，推陈出新，将人工智能技术与博物馆、展览馆结合，推出"云展览"，通过技术手段将展厅搬到线上，开放数字展厅，开启线上观展模式。根据国家文物局的最新统计，在2020年春节期间，1300多家博物馆开放线上展览，共开展线上展览2000余次，加快了线上展览的发展速度。另外，随着新媒体技术，以及人工智能虚拟现实和交互技术的发展，各大高校学子因为疫情原因不能返校参加毕业典礼，学校也是人性化地推出了线上毕业典礼，因此，2020年出现了不少摆脱传统组织和空间形态、更具有互动体验的高校线上毕业典礼。例如，中央美术学院举办了"彼时此刻"线上艺术展览，湖北美术学院举办了线上毕业展等。目前，已经有多家博物馆举办了线上展览。

其次，受近年来疫情影响，除了旅游、展览遭受了严重冲击，演艺界也受到了巨大影响。例如，传统的戏曲、话剧都被迫停止线下活动，也正因如此，在5G和人工智能技术的推动下，逐渐探索出"云演艺"功能,推出了形形色色的线上演出活动。正因如此,2020年也被称为"云演艺"元年。例如,传统的戏曲演员、演出机构以及传统戏曲院团也同样寻求与各种技术的融合发展,突破时空的限制,打造云演出空间。短视频、直播等形式在一定程度上改变了传统演艺的空间形态,为传统演艺文化带来了新的生机。人工智能技术不仅为传统文化产业的广泛传播带来了便利,为表演者们提供了全新的线上演出空间,而且使一些传统文化产业越来越受到年轻人的关注。从抖音平台发布的《2022抖音戏曲直播数据报告》来看,传统戏曲结合互联网技术、人工智能技术推出的"云演艺"已经获得初步发展,抖音平台生态覆盖戏曲种类超过300种,231种已经实现线上表演。并且2021年在抖音上通过直播形式开展的"云演出"累计超过80万场,累计观看人次超过25亿。在抖音已经开播的戏曲中,也有超过7成获得过打赏收入,其中不仅包含大家所熟知的京剧、豫剧,也包含一些濒临灭绝的潮剧、庐剧等。人工智能技术、直播对传统戏剧的促进作用也得到了梨园名家、名团的充分认可。京剧名家王珮瑜、豫剧名家李树建、淮剧名家陈澄等国家一级演员纷纷在抖音上开启了自己的直播,通过各种技术融合实现的"云演艺"为网友们奉上了一次又一次的精彩表演。同时,北京京剧院、上海越剧院、中国评剧院等全国知名剧团纷纷入驻抖音,让戏曲文化走进更多网络观众视野。

最后,近年来,结合5G和人工智能技术的发展,被暂停多年的演唱会再次以"云演唱会"的形式出现在人们的视野中,实质性地改变了其空间依赖性,助力"云演唱会"得到了巨大发展。

2022年9月2日,李健在视频号上举行线上演唱会,直播间预约总人数达93万,收看人数40分钟突破1000万,总体流量3600万。

"音乐诗人"李健为国内粉丝增添了深秋的美感。9月3日晚上8点，刘德华在"把我唱给你听"抖音直播开唱。直播间一共表演了7首经典曲目，包含《笨小孩》《冰雨》《男人哭吧不是罪》等。该场演唱会在抖音直播超过1.5小时，在线播放总人数超过3.5亿。除刘德华抖音演唱会外，9月4日下午，陈奕迅《孤勇者》在全世界网络首唱，虽然只是一首歌的表演时间，但在陈奕迅演出之前直播间就已经涌进很多粉丝，陈奕迅接着公布的LIVE版《孤勇者》30分钟浏览量就超过了300万人次，微博热门话题浏览量超出3000万人次。

中国演出行业协会公布的《2021全国演出市场年度报告》表明，2021年我国演出销售市场虽比2019年疫情前降低了41%，但和2020年同时期相比，却完成了接近30%的增长，其中一大功臣是线上云演出所带来的智能化新消费模式和新的视觉感受，推动了总体演出行业"恢复"。尽管仍然面临困难，但云演出的日渐爆红，让2020年举步维艰的演出行业看见了巨大希望。

现阶段，云演出有多种开播方式。第一种是线上线下推广同时进行，这一点在疫情前已经有不少演出商做出了尝试，用于满足一些无法抵达现场或是负担不起高门票费的观众的市场需求。针对演出方来讲，这种方式也可以增加一部分收益。比如汪峰在2014年举办的演唱会，线下推广主办地在鸟巢，同时也开启了线上同步观看方式，门票30元，选购人数约7.5万，线上销售总额超出220万元。

第二种乃是线下推广无观众或少量观众的直播模式，在后疫情时代慢慢盛行，由演出方搭建线下演出舞台，演出工作人员现场演出，通过线上或录像的方式向观众传播，是目前各大网站常用方式，李健、罗大佑及刘德华的线上演出均属于该种模式。

此外，依托强大的技术手段，一部分服务平台还在尝试彻底摆脱线下演出的"纯"线上方式，比如呈现多机位视觉效果，添加虚拟互动交流元素。"云包间""虚拟空间"等设定，给予观众丰富多样的观感体验。因此，人工智能时代中国文化产业组织与空间形态已经发生变革。

5.3 人工智能时代中国文化产业技术体系变革的典型事实

5.3.1 文化产业技术网络结构的构成要素

文化产业技术网络结构是由多种主体和环境要素构成的，要对其演化机理进行深入的分析，首先需要了解其结构到底由哪几个方面构成，每个方面都包含哪些因素，是什么原因促使了文化产业技术网络的形成。文化产业技术网络的结构一方面会影响网络的功能，另一方面会决定网络发展的方向和质量。因此，本书认为文化产业技术网络结构包含三个层次：一是由企业及企业之间的联系构成的核心网络；二是由政府、大学、金融机构、中介机构、协会等起到辅助作用的主体构成的支持网络；三是环境网络，即社会文化环境、市场、制度、技术等。文化产业技术网络结构如图5-1所示。

1. 核心网络的基本构成

文化产业技术网络结构的核心层次在于企业及企业间的联系。企业是文化产业技术网络结构的核心，也是文化产业技术网络中从

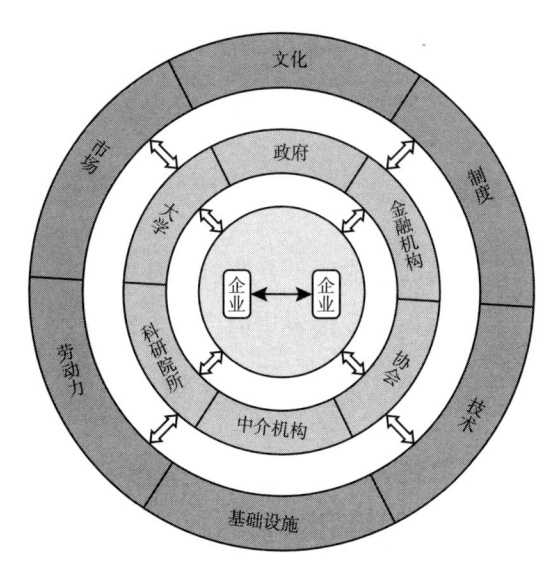

图 5-1 文化产业技术网络结构示意

事资源整合利用、生产、销售等活动的主体。文化产业技术网络结构中的企业是指以文化产业为核心内容，进行原创设计和制造、传播文化产品以及相关的工具设备等生产活动和文化服务活动，包括整个文化产业链中的大中小型企业。企业是文化产业技术网络的创新源泉，是文化产业技术网络发展的核心力量。这些企业根据企业自身的规模、成立时间、运营能力、在行业中的地位等因素可以划分为领军企业和追随企业。领军企业是文化产业技术网络结构的核心，是文化产业技术网络中的重要一环。其具备极强的创新能力和协调应变能力，能够有效整合各类资源，并合理利用；同时能够通过资源、技术、知识等交流扩散，带动其他企业更好更快地发展。领军企业的存在对于整个文化产业技术网络而言，有利于促成良好的合作交流氛围、建立互利互惠的信任机制，从而为文化产业技术网络结构的稳定与发展奠定基础。而追随企业在文化产业技术网络中数量居多，发展不均衡，遍布网络结构中的各个层次，但依托领军企业以及同水平企业之间的竞合关系会逐渐得到发展。

2. 支持网络的基本构成

文化产业技术网络的形成离不开政府、金融机构和中介机构等其他部门的支持。政府不仅包括国家层面的政府部门，还包括各地方政府及其部门，如地方政府、发改委、信息部、管理委员会、知识产权保护局等。政府实际上不会直接与文化产业技术网络中的各主体进行经济活动与技术研发和创新，但是政府在促使文化产业技术网络的形成、合理分配各类资源、培育健康合理的行业环境等方面起到至关重要的作用。政府在推动文化产业技术网络的形成和发展过程中，采取了积极的政策措施，加速了基础设施的建设，创造了一个良好的文化和技术环境，并用法律、法规、制度来管理文化产业技术网络的各个方面。金融机构是指以银行、证券、投资、融资等形式为文化产业技术网络提供资金支持的服务机构。在文化产业技术网络的形成与发展中，金融机构是一个强有力的经济支撑，它对各个企业在网络中的建立和运作起着举足轻重的作用。特别是文化产业技术网络内部诸多企业不同于工业实体产业，大多依靠创意内容、知识等隐性资源。因此，不同发展阶段的企业都离不开金融机构的支持。中介机构是为文化产业技术网络提供相互连接的服务平台，例如行业协会、孵化平台、商业服务部门等。中介机构可以给予企业针对性的征询意见、制度管理规范、日常经营条例、融资和投资支持等方面的服务，为文化产业技术网络从成立到成熟或衰退这一过程提供全方位的服务和帮助。

3. 环境网络的基本构成

文化产业技术网络在形成过程中离不开整个社会文化、经济、制度、人工智能技术等大环境的熏陶。我国是拥有五千年优秀传统文化的国家，我们应当把这些文化资源转化为经济资本，加快文化产业创新发展的步伐，文化产业技术网络正是以"文化"为核心形成了各种产业模式。而近年来，由于大数据技术、5G通信技术、AI技术的崛起，文化产业技术网络得到了更为深厚的技术支持，使得整个文化产业更加侧重于数字化发展。但在文化和科技加速发展的背后，是越来越开放和有力的政策、制度、体制在做依托，良好的制度环境在很大程度上决定了文化产业技术网络的发展方向和动力。从我国近年来的发展规划可以看出，我国越来越重视文化建设，重视文化产业的发展，这无不是在间接地推动文化产业技术网络向更好、更高、更强的方向持续进步。

综上所述，文化产业技术网络在形成过程中受到了来自网络内外多种因素的影响，这些因素对文化产业技术网络的发展都起到了一定程度的作用。文化产业技术网络各层次包含的主体在网络结构逐渐发展变化中，由于各自的能力和彼此的联系均会对文化产业技术网络的更迭产生影响。

5.3.2 文化产业技术网络结构的影响因素

文化产业技术网络的构建并非一朝一夕之功，而是一个由诸多因素共同作用的动态、复杂的历程。本章从多个角度对影响我国文化产业技术网络的构成要素进行了全面的归纳和分析，文化产业技术网络结构的形成主要受到内部和外部两方面因素的影响。

1. 内部因素

内部因素主要包括企业活动、知识扩散和技术创新网络文化。企业活动是促使文化产业技术网络结构产生的关键，包括企业之间的竞争合作关系、供需关系、技术创新、技术扩散、企业的加入和退出、企业的成熟与衰退以及企业自身综合能力等，这些要素在很大程度上都会改变文化产业技术网络的结构。企业之间的竞争合作关系体现在企业为了自身得到发展、在行业中具备核心竞争力，通常会采取开放的态度进行广泛的交流合作，而不是封闭自身发展。企业基于自身的实际情况选择最利己的合作伙伴，以有效缓解竞争对手带来的压力。文化产业技术网络结构是动态改变的，不同时期网络结构的演变均有新企业的加入，而当企业自身能力不足、运营困难、发展情况堪忧时，其会退出文化产业技术网络。各个企业这种自发行为在文化产业技术网络结构演化各个阶段均有发生，是动态的、复杂的，对文化产业技术网络结构的演化起到了至关重要的作用。

文化产业技术网络由于行业自身高度依赖知识资源和底层技术支持的特性，网络内的企业要想持久且有创新能力，必然要通过知识资源的整合、利用、扩散、创新等赋能各个企业，促进企业及整个网络持续进步。企业间的知识扩散包括显性知识扩散和隐性知识扩散。显性知识扩散一般可以通过软件、设备、专利、书籍等方式进行，显性知识更易获取和利用。文化产业技术网络内的各主体通过显性知识的扩散可以促进各企业和机构的加速成长和创新能力的增强，有利于形成行业内强大的竞争力。而隐性知识通常不易察觉和获取，个人的创意和经验等均属于隐性知识。文化产业技术网络中隐性知识的扩散对网络结构的形成和演进所起到的作用也不可忽视。从总体上看，文化产业技术网络中知识的传播不仅对企业和组织的发展起到了重要的推动作用，而且对文化产业技术网络自身结构的改变产生了很大的影响。

文化产业技术网络结构的形成离不开自身的特色文化背景和技术背景，良好的文化技术环境对技术网络内各主体的运营氛围、合作热情、整体的联系紧密度均有显著的影响。如果文化产业技术网络内形成了一种普遍被认可的价值观念、合作观念、契约精神、创新精神等文化价值观，那么会促进文化产业技术网络内形成极高的信任度，从而有利于各主体间加强合作交流，提高文化产业技术网络内的知识扩散速率，加快创新步伐。同时，这种和谐的文化环境也可作为另一种管理模式，有助于提升文化产业技术网络结构的紧密度，影响网络结构的性质。

2. 外部因素

外部因素涵盖了政府引导行为和市场环境作用。从文化产业的特性来看，其兴起和繁荣均是由政府推动的。同样，对于文化产业技术网络，不管其处于何种发展阶段，政府的作用贯穿始终。一是通过制定相关法律法规、规划指导等措施为文化产业技术网络结构的形成提供方向，为文化产业技术网络结构营造出良好的发展环境，也可对网络内各主体进行法律保护和约束，从而增强文化产业技术网络结构的稳定性。二是通过推出各种补贴措施、提供投融资支持以及完善基础设施等行为，以更具体和实际的有力措施推动文化产业技术网络结构的形成及优化。因此，政府引导在文化产业技术网络结构演化的各个时期均有不同程度的影响。

市场经济持续的变革和发展对市场需求产生了深远的影响，市场需求的更迭将直接影响文化产业技术网络结构，市场需求意味着该行业的发展方向和重点。因此，市场需求将影响文化产业技术网络的规模、紧密度、主体数量及联系等。鉴于文化产业市场环境的变化，越来越多的企业在市场环境的影响下加入文化产业技术网络，新企业越多，文化产业技术网络规模越大，主体数量越多，新旧企业之间发生关联会使文化产业技术网络结构更加复杂和紧密。在此基础上，文化产业技术网络逐渐壮大，在各种影响因素的作用下，网络规模和结构会不断改变。

综上所述，不同生命周期的文化产业技术网络结构在内部和外部因素的联合作用下逐步发展，不同时期文化产业技术网络结构的改变均会受到内外因素的影响。

5.4 人工智能时代中国文化产业效率测算与趋势演进的典型事实

人工智能的迅猛发展已经深刻影响和渗透于经济社会发展中（Barefoot et al.，2018；Muro and Liu，2021），关注、深刻把握、定量测度人工智能时代中国文化产业效率，对把握文化产业效率变革的演化趋势，挖掘人工智能时代中国文化产业效率变革过程中的驱动和制约因素，具有重要的参考意义。

人工智能时代文化产业效率的变革基于路径依赖和路径创造理论考虑。在路径依赖与路径创造理论视角下，传统文化产业既定的技术发展路线会导致文化产业技术进步效率被锁定，人工智能作为技术要素加入文化产业能够提高文化产业经济要素的质量，促进文化产业的产品与服务创新，从而打破技术效率的锁定。同时，人才供给是技术发展和创新的基础，而技术的创新和应用能够切实影响文化产业的效率。基于路径依赖与路径创造理论，受到现存制度的制约，文化产业可能会被困于制度路径依赖，从而导致其技术效率被锁定。而人工智能的出现促使文化产业相关政策法规的同步完善和改变，促进产业内部动力的变革，从而打破技术效率的锁定。

因此，在测算中国文化产业效率的基础上，探究人工智能时代中国文化产业效率的趋势演进，可以有效反映人工智能时代中国文化产业效率变革情况，本节基于现实数据，考察人工智能对中国文化产业的影响和渗透作用。

5.4.1 中国文化产业效率测算

1. 文化产业效率的概念与分类

经济效率是指一定的经济成本下所能获得的经济收益，是投入与产出的比较，也就是说，在既定投入下如何使期望产出最大化（Samuelson，1948）。刘鹤等（1999）曾指出，效率在一定程度上是资源的利用程度，也就是说，经济社会对现有资源的分配方式所形成的生产结果能否满足经济社会的总需求，可用投入资源与满足程度的比值来表示。Samuelson（1948）从结果上解释了效率（有效）的含义，认为经济体中不改变投入要素的情况下，就不存在产出要素的改变，经济运行中每一次生产都在其生产可能性边界上。结合现有研究，我们将文化产业效率定义为：社会经济在文化产业中投入的劳动力、资本等要素对人民群众的文化产品与服务的需求的满足程度。进一步，根据经济效率的组成，我们将文化产业效率分解为文化产业技术效率、文化产业技术进步,具体如下。

文化产业效率:学者们常用全要素生产率表示生产效率,全要素生产率是以索洛增长模型为基础,包含劳动力和资本等投入要素、产出等要素的生产率(李平,2016)。文化产业效率受到多种生产要素的影响,本章中的文化产业效率特指文化产业的全要素生产率。

文化产业技术效率:文化产业技术效率反映文化产业内资源配置和经济规模的合理程度,且政策、制度、新型技术等因素对技术效率具有重要的影响。文化产业技术效率用于反映既定的技术水平下,文化产业中要素投入比例最优化的能力。文化产业技术效率大于1,表示技术效率提高;反之,则表示技术效率降低;当文化产业技术效率等于1时,技术效率不变。

文化产业技术进步:文化产业效率受到投入要素的质量、技术水平、资源配置效率、规模经济以及政策制度等因素的影响,其中投入要素质量的提高和技术水平的提升被视为广义上的技术进步。文化产业技术进步是反映文化产业效率变化中的技术进步情况。当文化产业技术进步大于1时,表示技术进步;反之,则表示技术退步;当文化产业技术进步等于1时,表示技术不变。

2. 文化产业效率测算模型

综观现有研究,常用的效率测度方法有随机前沿分析(SFA)、数据包络分析(DEA)和以 DEA 理论为基础的指数分析。其中,随机前沿分析以生产函数或成本函数为基础;数据包络分析是基于多投入和多产出对多个同质单位进行相对效率评价的方法;用 DEA 理论与 Malmquist 指数结合的方法测度动态效率,最常用的是 DEA–Malmquist 模型。DEA–Malmquist 模型分析是建立在 DEA 理论上的指数分析方法，它包含了可以测度动态效率的指数，适用于多地区跨时期的样本分析，而且可以实现截面个体时间上的效率比较。并且，DEA-Malmquist 模型不需要提前设定生产函数，测量的是动态的经济效率，即效率增长率，可以同时进行时间和截面上的分析，因此我们采用 DEA-Malmquist 模型来测量我国各省（区、市）的文化产业效率。

Malmquist 指数由 Malmquist 在 1953 年首次提出，用于消费分析中不同无差异曲线上消费变动情况的分析。1982 年，Caves 将该思想引入生产率的测算中，并称其为 Malmquist 指数。该指数的测算基础是计算距离函数，指数形式为：

$$M(y_{t+1}, x_{t+1}, y_t, x_t) = \left[\frac{D^t(x_{t+1}, y_{t+1})}{D^t(x_t, y_t)} \times \frac{D^{t+1}(x_{t+1}, y_{t+1})}{D^{t+1}(x_t, y_t)}\right]^{1/2} \quad (5-1)$$

其中，x_t、y_t 分别为 t 时决策单元的投入向量和产出向量；$D^t(x_t, y_t)$ 是距离函数，衡量 t 时的决策单元在 t 时的有效性；$D^t(x_{t+1}, y_{t+1})$ 衡量 t 时的决策单元在 $t+1$ 时的有效性；$D^{t+1}(x_{t+1}, y_{t+1})$ 衡量 $t+1$ 时的决策单元在 $t+1$ 时的有效性；$D^{t+1}(x_t, y_t)$ 衡量 $t+1$ 时的决策单元在 t 时的有效性。$M>1$，表示决策单元从 t 到 $t+1$ 时效率提高；$M<1$，表示决策单元从 t 到 $t+1$ 时效率降低；$M=1$，表示该决策单元的效率没有变化。

效率变化可以分解为技术效率变化（Technical Efficiency Change，TEC）和技术进步变化（Technical Progress Change，TPC），则 Malmquist 指数可分解为：

$$M(y_{t+1},\ x_{t+1},\ y_t,\ x_t) = \left[\frac{D^{t+1}(x_{t+1},\ y_{t+1})}{D^t(x_t,\ y_t)}\right] \times$$
$$\left[\frac{D^t(x_{t+1},\ y_{t+1})}{D^{t+1}(x_{t+1},\ y_{t+1})} \times \frac{D^t(x_t,\ y_t)}{D^{t+1}(x_t,\ y_t)}\right]^{1/2} \quad (5-2)$$

其中，等式右边第一项表示技术效率变化，衡量的是决策单元从 t 时到 $t+1$ 时，生产活动是否处于更加靠近生产前沿面的状态。TEC>1，表明被评价单元向生产前沿面靠近，相对技术效率提高；反之，相对技术效率降低。等式右边第二项表示技术进步变化，衡量的是从 t 时到 $t+1$ 时生产前沿面的变动情况。TPC>1，代表生产技术进步；反之，代表生产技术退步。

DEA-Malmquist 模型由 Färe 等（1992）构建。该模型将 Malmquist 指数引入 DEA 分析，相比于其他测度效率的模型，它可以同时体现静态效率和跨期动态效率，因此受到了学者们的广泛青睐。本章基于以上学者的研究，采用该指数模型测算文化产业效率，基于投入角度的测算模型如下：

$$\left[D^t(x_t,\ y_t)\right]^{-1} = \max \theta$$
$$\text{s.t.} \begin{cases} -y_{it} + Y_t\lambda \geq 0 \\ \theta x_{it} - X_t\lambda \geq 0 \\ \lambda \geq 0 \end{cases} \quad (5-3)$$

$$\left[D^{t+1}(x_t,\ y_t)\right]^{-1} = \max \theta$$
$$\text{s.t.} \begin{cases} -y_{it} + Y_{t+1}\lambda \geq 0 \\ \theta x_{it} - X_{t+1}\lambda \geq 0 \\ \lambda \geq 0 \end{cases} \quad (5-4)$$

$$\left[D^{t}\left(x_{t+1},\ y_{t+1}\right)\right]^{-1} = \max \theta$$
$$\text{s.t.} \begin{cases} -y_{i,\ t+1} + Y_{t}\lambda \geqslant 0 \\ \theta x_{i,\ t+1} - X_{t}\lambda \geqslant 0 \\ \lambda \geqslant 0 \end{cases} \quad (5-5)$$

$$\left[D^{t+1}\left(x_{t+1},\ y_{t+1}\right)\right]^{-1} = \max \theta$$
$$\text{s.t.} \begin{cases} -y_{i,\ t+1} + Y_{t+1}\lambda \geqslant 0 \\ \theta x_{i,\ t+1} - X_{t+1}\lambda \geqslant 0 \\ \lambda \geqslant 0 \end{cases} \quad (5-6)$$

其中，λ 是权重向量。根据式（5-3）至式（5-6）测算得到距离函数 $D^{t}(x_{t},\ y_{t})$、$D^{t}(x_{t+1},\ y_{t+1})$、$D^{t+1}(x_{t+1},\ y_{t+1})$ 和 $D^{t+1}(x_{t},\ y_{t})$，然后将距离函数代入式（5-1），即可得到 DEA-Malmquist 模型下的文化产业效率指数。

3. 指标体系的构建与数据说明

运用 DEA-Malmquist 模型计算文化产业效率需要构建投入、产出指标体系。根据相关研究（蒋萍、王勇，2011；廖继胜等，2019），且考虑数据获取的可能性与准确性，我们选择文化市场经营机构作为文化产业的代理变量，将文化市场经营机构从业人员数量和文化市场经营机构营业成本作为投入指标，将文化市场经营机构营业收入作为产出指标，且各指标值均为正。相关指标说明如表 5-1 所示。

表 5-1 测度文化产业效率的指标体系

类型	变量
投入指标	文化市场经营机构从业人员数量（人）
	文化市场经营机构营业成本（千元）
产出指标	文化市场经营机构营业收入（千元）

我们选用 2015~2019 年中国各省（区、市）文化市场经营机构的成本与营收数据，数据主要来自《中国文化和旅游年鉴》和《中国文化文物统计年鉴》。选取 2015~2019 年文化产业数据的原因是：该数据区间内，中国文化市场经营机构的统计口径较为一致，能够完整地反映人工智能时代中国文化产业效率的演进过程，且该区间包含学术界公认的人工智能元年——2016 年，选择该区间可以清晰地考察人工智能时代前后，中国文化产业效率的演进趋势及空间特征变化。另外，选择文化市场经营机构作为文化产业代理变量的原因是：综观文化产业的发展过程，文化市场经营机构能够在纵向时间演进研究中满足文化产业效率评价的决策条件，并且按国民经济行业划分后，文化市场经营机构占全行业营业收入的比重平均值高达 72.02%，居多种子行业首位，其行业特色较为突出，具有较强的代表性（刘静、惠宁，2020）。

4. 人工智能时代中国文化产业效率的测算与分析

通过 DEAP 软件，运用 2015~2019 年文化市场经营机构的数据，基于 DEA-Malmquist 模型测算 2015~2019 年我国 31 个省（区、市）的文化产业效率指数。通过测算发现，投入角度和产出角度的测算结果一致，考虑到后续对人工智能因素的分析，我们采用投入角度测算的文化产业效率指数。而规模报酬不变和规模报酬可变两种情形下测算的文化产业效率指数不同，由于各省（区、市）经济发展水平和文化产业所处阶段存在差异，本章选用规模报酬可变的生产约束下投入角度的测算结果。如果测算结果大于或等于1，则该省（区、市）的文化产业效率提升；如果测算结果小于1，则该省（区、市）的文化产业效率下降。

表5-2反映了2015~2019年中国31个省（区、市）文化产业效率指数（用DEA-Malmquist指数法测算的中国文化产业全要素生产率）。从表中可以看出，2015年北京、天津、上海、江苏、浙江、安徽、河南、广东、重庆、广西的文化产业全要素生产率大于1，表明相比于2014年，这些省（区、市）2015年文化产业效率提高，并且北京文化产业全要素生产率最高，高达2.972，其余省份的文化产业全要素生产率均小于1，即这些省份的文化产业效率相对于2014年降低。到2017年，山西、吉林、黑龙江、江西、河南、湖北和海南等省份的文化产业全要素生产率提高，表明人工智能时代的文化产业效率得到有效提高。进一步分析发现，多数东部省份的文化产业全要素生产率较高，且大于1，说明东部地区多数省份的文化产业效率上升，这些省份文化产业发展水平较高，成长速度较快。中部和西部省份存在文化产业产出不足、资源配置不合理、技术薄弱等问题，使得其文化产业全要素生产率偏低，但显然人工智能时代的到来，有利于这些地区文化产业效率的改善。

表5-2 2015~2019年中国31个省（区、市）文化产业全要素生产率

省（区、市）	2015年	2016年	2017年	2018年	2019年
北京	2.972	0.895	1.001	0.730	2.025
天津	1.414	2.251	0.997	1.013	1.748
河北	0.892	1.030	0.923	1.131	0.749

续表

省（区、市）	2015年	2016年	2017年	2018年	2019年
山西	0.872	0.918	1.055	1.039	0.475
内蒙古	0.973	0.097	1.426	0.890	1.003
辽宁	0.879	0.733	1.140	1.191	0.826
吉林	0.966	1.046	1.141	0.985	0.784
黑龙江	0.903	0.944	1.072	0.874	0.093
上海	1.314	0.838	1.453	0.858	1.330
江苏	1.027	0.924	0.953	0.977	0.904
浙江	1.105	0.957	1.142	0.860	1.065
安徽	1.186	0.924	0.891	0.996	1.118
福建	0.887	0.824	1.061	0.966	0.996
江西	0.917	0.846	1.083	0.901	0.897
山东	0.959	0.965	0.973	0.821	1.366
河南	1.002	0.843	1.081	1.046	0.881
湖北	0.810	0.840	1.009	0.962	1.215
湖南	0.732	0.974	1.016	0.970	0.971
广东	1.203	1.464	1.906	0.650	1.094
广西	1.060	0.983	1.059	0.986	0.921
海南	0.880	1.150	1.039	0.802	1.019
重庆	1.706	1.192	0.437	1.030	0.904
四川	0.944	0.864	0.766	1.432	0.772
贵州	0.968	0.874	1.115	0.663	1.266
云南	0.907	1.010	1.026	1.022	0.899
西藏	0.818	1.566	0.596	0.533	1.862
陕西	0.876	0.999	0.876	1.119	0.841
甘肃	0.645	0.535	1.579	1.058	0.861
青海	0.884	1.035	1.110	0.989	0.822
宁夏	0.664	0.859	1.005	0.991	0.516
新疆	0.513	1.300	1.004	0.926	0.885

表 5-3 反映了 2015~2019 年中国 31 个省（区、市）文化产业技术效率的变化情况。从表中可以看出，2015 年除北京外，其余各省份的文化产业技术效率均小于 1，且绝大多数小于 0.8。这表明相对于 2014 年，2015 年多数省份文化产业技术效率降低，存在资源配置不合理的情况。2016 年除北京、内蒙古、辽宁和甘肃外，其余省份的文化产业技术效率均大于 1，表明人工智能时代文化产业技术效率得到有效提高，原因可能是技术的加入会导致投入要素质量的提高，进而优化投入要素比例，有效改善文化产业的技术效率。

表 5-3　2015~2019 年中国 31 个省（区、市）文化产业技术效率变化

省（区、市）	2015 年	2016 年	2017 年	2018 年	2019 年
北京	1.322	1.000	0.961	0.787	1.322
天津	0.795	2.422	0.922	1.084	1.000
河北	0.661	1.362	1.362	1.181	0.970
山西	0.631	1.215	1.435	1.057	0.602
内蒙古	0.634	0.129	1.969	0.913	1.194
辽宁	0.614	0.982	1.741	1.303	0.836
吉林	0.676	1.385	1.552	1.000	0.986
黑龙江	0.704	1.249	1.361	0.956	0.108
上海	0.730	1.058	1.933	0.980	1.021
江苏	0.574	1.248	1.452	1.077	1.015
浙江	0.590	1.295	1.714	0.928	1.111
安徽	0.763	1.237	1.289	1.062	1.257
福建	0.415	1.116	1.631	1.046	1.114
江西	0.671	1.127	1.608	0.961	1.057
山东	0.738	1.277	1.323	0.863	1.555
河南	0.737	1.120	1.495	1.065	1.098
湖北	0.504	1.124	1.479	1.043	1.265

续表

省（区、市）	2015年	2016年	2017年	2018年	2019年
湖南	0.467	1.311	1.519	1.058	1.086
广东	0.633	1.813	1.603	0.886	1.018
广西	0.726	1.310	1.497	1.032	1.092
海南	0.518	1.545	1.552	0.874	1.147
重庆	0.982	1.604	0.705	1.105	1.032
四川	0.599	1.157	1.164	1.559	0.865
贵州	0.612	1.170	1.634	0.716	1.427
云南	0.577	1.348	1.459	1.057	1.126
西藏	0.573	2.072	0.811	0.558	2.209
陕西	0.576	1.330	1.261	1.198	1.006
甘肃	0.474	0.716	2.267	1.087	1.066
青海	0.572	1.378	1.558	1.019	1.045
宁夏	0.496	1.143	1.387	1.007	0.641
新疆	0.378	1.743	1.516	1.000	1.000

表5-4反映了2015~2019年中国31个省（区、市）文化产业技术进步变化情况。从表中可以看出，2015年所有省份的文化产业技术进步均大于1；而2016年所有省份的文化产业技术进步均小于1；2017年除北京、天津、广东外，其余省份的文化产业技术进步均小于1；2018年、2019年中国各省份的文化产业技术进步变化分别类似于2016年、2017年。原因可能是，人工智能时代文化产业技术进步得益于新型技术的投入、渗透和使用，这个过程的完成需要时间，且受到资金、政策支持的影响，因而短期内无法观察到文化产业技术进步的提升。由此可知，短期内人工智能时代文化产业效率的提升得益于技术效率的改善，技术进步对文化产业效率的提升作用需要长期跟踪和考察。

表 5-4 2015~2019 年中国 31 个省（区、市）文化产业技术进步变化

省（区、市）	2015 年	2016 年	2017 年	2018 年	2019 年
北京	2.248	0.895	1.042	0.928	1.531
天津	1.779	0.929	1.081	0.935	1.748
河北	1.350	0.756	0.678	0.957	0.772
山西	1.383	0.756	0.735	0.982	0.789
内蒙古	1.534	0.754	0.724	0.975	0.840
辽宁	1.432	0.746	0.655	0.914	0.988
吉林	1.429	0.755	0.735	0.985	0.795
黑龙江	1.284	0.755	0.788	0.914	0.854
上海	1.799	0.792	0.752	0.876	1.303
江苏	1.788	0.741	0.656	0.907	0.890
浙江	1.871	0.739	0.666	0.927	0.958
安徽	1.555	0.747	0.691	0.938	0.890
福建	2.139	0.739	0.651	0.923	0.894
江西	1.368	0.751	0.674	0.938	0.848
山东	1.300	0.756	0.735	0.952	0.879
河南	1.360	0.753	0.723	0.982	0.802
湖北	1.606	0.748	0.682	0.922	0.960
湖南	1.567	0.743	0.669	0.917	0.894
广东	1.900	0.808	1.189	0.733	1.075
广西	1.459	0.751	0.707	0.955	0.843
海南	1.699	0.744	0.669	0.917	0.889
重庆	1.737	0.743	0.620	0.932	0.876
四川	1.577	0.747	0.658	0.918	0.892
贵州	1.583	0.747	0.682	0.926	0.888
云南	1.570	0.749	0.704	0.966	0.799
西藏	1.428	0.756	0.735	0.955	0.843

续表

省（区、市）	2015年	2016年	2017年	2018年	2019年
陕西	1.520	0.751	0.694	0.934	0.837
甘肃	1.362	0.747	0.697	0.974	0.807
青海	1.545	0.751	0.713	0.971	0.787
宁夏	1.338	0.751	0.725	0.985	0.805
新疆	1.354	0.746	0.662	0.926	0.885

5.4.2　人工智能时代中国文化产业效率的趋势演进分析

在测算我国2015~2019年文化产业效率的基础上，我们将继续分析我国文化产业效率的演进趋势，探究人工智能时代中国文化产业全要素生产率、技术效率和技术进步的变化情况。

图5-2反映了2015~2019年中国文化产业效率的变化情况。从变化趋势来看，2017年是文化产业全要素生产率、技术效率和技术进步变化的转折点。对于文化产业全要素生产率来说，2015~2019年呈现"先下降后上升，再下降，随后趋平"的态势，即在数值1上下波动；文化产业技术效率在2015~2019年呈现"先上升后下降，随后趋平"的态势；而文化产业技术进步的变化趋势与技术效率正好相反，呈现"先下降后上升，随后趋平"的态势。从大小来看，2016~2019年，文化产业全要素生产率、技术效率、技术进步呈现"中—高—低"的模式。由此可见，人工智能因素是造成我国文化产业效率波动的原因，且该因素对文化产业全要素生产率、技术效率和技术进步的影响在短期和长期效果上存在差异。

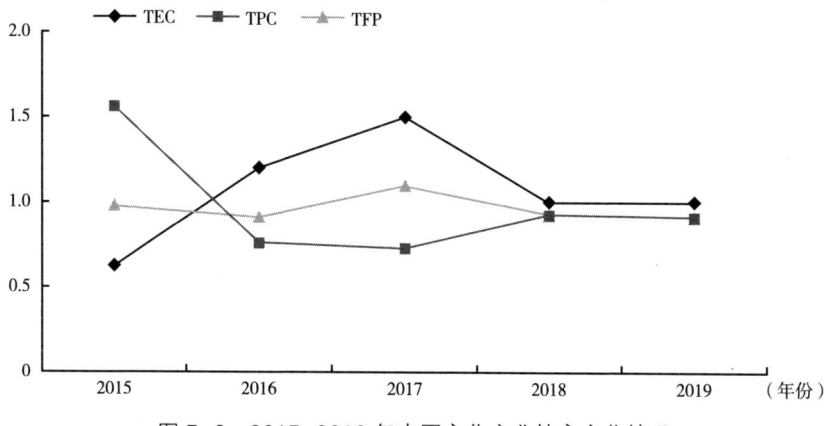

图 5-2　2015~2019 年中国文化产业效率变化情况

第6章
人工智能时代中国文化产业效率网络空间结构特征及其影响因素分析

本章是在第 5 章测算的 2015~2019 年文化产业效率的基础上，根据修正后的空间引力模型构建了进入人工智能时代前后 1 年（2015 年和 2017 年）我国文化产业效率的空间网络，并对其空间结构进行对比分析，最后对人工智能时代我国文化产业效率空间网络的影响因素进行 QAP 回归分析。

6.1 研究方法与测度指标

6.1.1 空间关联网络构建

经济理论认为，城市之间的经济联系存在"万有引力"，其基本模型来源于牛顿的万有引力定律：

$$F_{ij} = k \frac{M_i M_j}{D_{ij}^b} \tag{6-1}$$

其中，F_{ij} 为城市 i、j 之间的引力，M_i、M_j 为城市 i、j 的"质量"，D_{ij} 为城市 i、j 之间的距离，b 为距离衰减系数，k 为经验常数。

在其他学者研究的基础上，本章选取第 5 章测算出的文化产业效率代替基本引力模型中的质量，根据空间距离和经济发展水平差异计算综合距离代替基本模型中的地理距离,选取距离衰减指数为2。另外,考虑到城市之间的经济发展水平、技术条件以及文化产业发展水平不同,城市之间的彼此影响程度存在不对等性,因此本章选取修正的经验常数 k。为使模型更加贴合现实,增强模型适用性,本章对基本引力模型进行如下修正:

$$y_{ij} = k_{ij} \frac{R_i R_j}{d_{ij}^2}, \quad k_{ij} = \frac{R_i}{R_i + R_j}, \quad d_{ij} = \frac{D_{ij}}{g_i - g_j} \quad (6-2)$$

其中,y_{ij} 表示 i、j 两个省份之间文化产业效率之间的引力,R_i、R_j 分别代表 i、j 两个省份的文化产业效率,k_{ij} 代表 i、j 两个省份之间文化产业效率联系中的贡献率。同时考虑到经济发展水平和空间距离对空间联系的影响,本章运用 i、j 两个省份的人均 GDP(g_i、g_j)和地理距离测算综合距离 d_{ij}。根据公式(6-2)计算出 31×31 的省际文化产业效率引力矩阵,最后根据公式(6-3)得出网络关系的0-1非对称矩阵。

$$x_{ij} = \begin{cases} 1 & y_{ij} \geqslant \dfrac{\sum_{i=1}^{N} y_{ij}}{N} \\ 0 & y_{ij} < \dfrac{\sum_{j=1}^{N} y_{ij}}{N} \end{cases} \quad (6-3)$$

6.1.2 空间关联网络测度指标

1. 整体网络结构

网络密度、网络关联度、网络等级度、网络效率是描述整体网络结构的关键性指标。网络密度是对整体网络疏密关系进行综合描述的指标,网络密度数值越大,说明整个网络中关系数量越多,反之则说明网络中关系数量较少;网络关联度衡量的是网络中成员之间的关联程度,如果整个网络中任意两个节点均有联系,则网络关联度为1;网络等级度反映的是网络节点之间在多大程度上非对称地可达,网络等级度越高代表整体网络等级结构越明显;网络效率是在可达性的基础上,整体网络存在多余的线的可能性,网络效率越低表明节点之间可达的路径越多,节点之间实现空间联系的渠道越多,整体网络的稳健性越高。

2. 节点中心度

除了研究整体网络,网络中各个节点也是研究的重点,中心度则是网络节点的核心属性。度中心度、接近中心度以及中介中心度是常用于衡量节点属性的指标。度中心度代表直接与该节点相连接的其他节点的数量,反映了其是否处于网络核心位置,度中心度数值越大,代表与其直接相连的节点数量越多,越是处于网络的核心位置;接近中心度反映的是节点之间最短路径的条数,代表该节点不受网络中其他节点控制的程度,假如某一节点到达其他节点的路径都很短,说明其具有很高的接近中心度,能够最小限度地受其他节点的控制;中介中心度代表在网络中任意两个节点最短路径的数量,反映的是该节点对其他节点的控制能力,中介中心度越大代表其对其他节点的控制能力越强。

3. 块模型

块模型分析是一种研究网络位置的方法。对块模型进行位置层次的分析可以具体考察各个位置(板块)之间如何发送和接收信息,并进行描述性分析。根据板块内部和外部的出入度,可将板块分为四类,即主受益板块、主溢出板块、双向溢出板块和经纪人板块(见表6-1)。其中,主受益板块的内部关系比例较高,对板块外的溢出关系较少,来自板块外的受益关系较多;主溢出板块的内部关系比例较低,对板块外的溢出关系很多,但接收板块外的溢出关系较少;双向溢出板块的内部关系比例较高,对板块内部和外部的溢出关系都较多;经纪人板块的内部关系比例较低,既接收板块外部溢出,也向板块外部溢出。

表6-1 溢出效应四大板块

位置内部的关系比例	位置接收到的关系比例	
	≈0	>0
≥(gk-1)/(g-1)	双向溢出板块	主受益板块
<(gk-1)/(g-1)	主溢出板块	经纪人板块

6.1.3 QAP回归分析方法

QAP(Quadratic Assignment Procedure,二次迭代分配程序)回归分析方法是以若干个1模 $N \times N$ 的网络矩阵为自变量,回归同类网络矩阵,判断回归系数并进行显著性检验。之所以采用QAP回归分析方法而不用多元线性回归方法,是因为关系矩阵中结构性的自相关会使基于OLS的多元回归方法的变量显著性检验失效。而QAP回归是一种非参数检验,可以避免因观测值相关而引起的统计偏误。有鉴于此,本章使用QAP回归分析对网络矩阵之间的"关系"进行假设检验,运用网络矩阵作为因变量和自变量,具体计算步骤如下:①对自变量矩阵和因变量矩阵对应的长向量元素进行常规的多元回归分析;

②对因变量的各行各列进行随机置换，重新计算回归，保存系数估计值和判定系数 R^2；③重复之前的步骤多次，得到各统计量的标准误。

6.2 人工智能时代文化产业效率的空间网络结构

6.2.1 整体网络结构

根据第 5 章测算出的人工智能时代文化产业效率以及 6.1 节的网络构建模型，本节构建了我国文化产业效率的空间关联网络，为了对比人工智能元年（2016 年）前后文化产业效率网络的空间结构差异，绘制了 2015 年和 2017 年文化产业效率空间关联网络（见图 6-1、图 6-2），并计算出网络密度、网络关系数量、网络关联度、网络等级度和网络效率等指标（见表 6-2）。

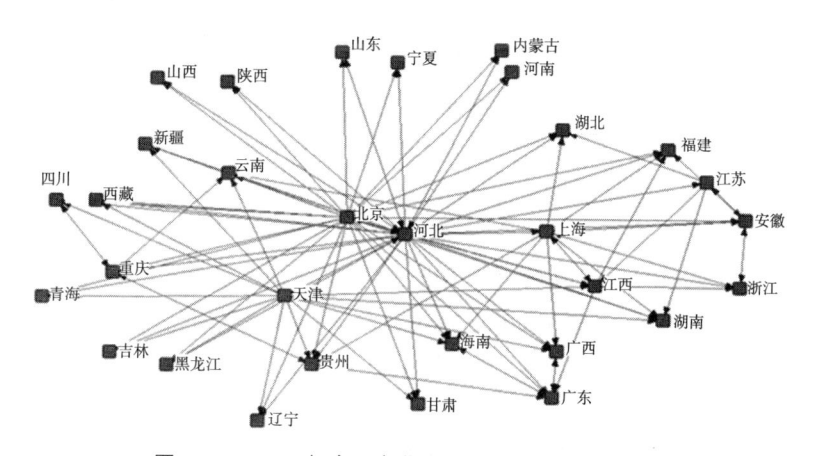

图 6-1 2015 年中国文化产业效率空间关联网络

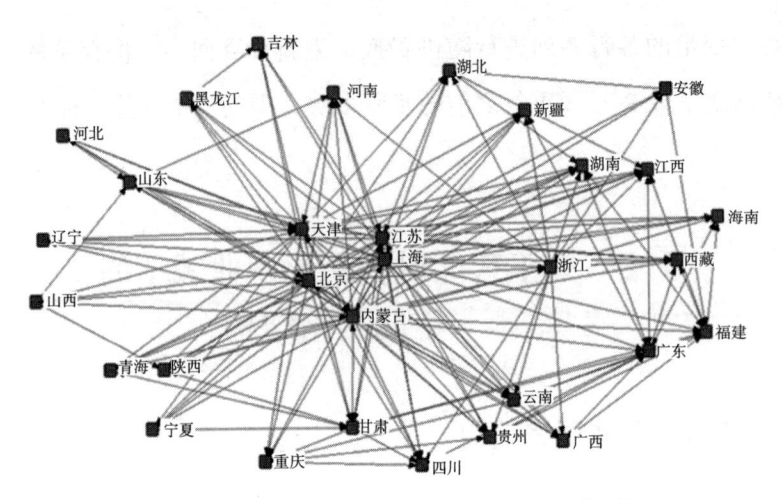

图 6-2　2017 年中国文化产业效率空间关联网络

表 6-2　整体网络结构特征值

年份	网络密度	网络关系数量	网络关联度	网络等级度	网络效率
2015	0.1194	111	1	0.8296	0.8529
2017	0.2204	205	1	0.2851	0.6920

由图 6-1 和图 6-2 可以看出，各个省份的文化产业效率突破了原有地理位置的限制，不仅可以依靠地理位置建立空间联系，而且可以通过文化产业效率网络建立非邻接省份之间的关联关系。对比 2015 年与 2017 年文化产业效率空间关联网络可以发现，在人工智能时代到来以后，网络中关系数量增加近 1 倍，说明人工智能技术的发展在一定程度上推动了文化产业效率的提升。其中，天津、北京和上海地理位置相隔甚远，但是 3 个直辖市始终存在网络空间关联关系，并且在进入人工智能时代以来，由于人工智能技术对文化产业效率的推动，它们的联系越来越密切。

从表 6-2 数据可以发现，人工智能时代到来前后，网络密度从

2015年的0.1194上升到2017年的0.2204，呈现出逐渐增大的趋势，我国文化产业效率网络关联越来越密切，说明人工智能技术的发展对我国文化产业发展具有促进作用。从区域发展的视角来看，我国文化产业效率网络呈现出从"点状""带状"向"块状"、从以省域划分向以城市群为核心、从追求GDP增长到推动区域协调发展的转变。从文化产业自身的发展来看，随着国家文化产业政策的不断优化，文化企业的跨地区发展以及各种要素的跨区域流动，再加之近年来互联网、数字技术以及人工智能技术的发展，各种要素区域流动更加频繁，文化企业内外部联系更加密切。特别是近年来人工智能技术和文化产业的融合发展提高了文化产业效率网络的空间关联性。

另外，进入人工智能时代前后的2015年和2017年，网络关联度均为1，表明任意两个节点之间均存在可达性，也说明我国文化产业效率网络各个节点之间的关联比较密切，任意两个省份之间都存在一定的联系，整个文化产业效率网络存在比较明显的空间关联关系和空间溢出效应。从网络等级度来看，网络等级度从2015年的0.8296下降到2017年的0.2851，我国文化产业效率网络的等级度下降趋势比较明显。这与近年来国家和地方政府对文化产业发展的政策支持和人工智能技术的迅速发展直接相关。虽然从文化产业效率网络总体角度来看，区域发展仍表现出不均衡，但是仅仅依赖空间相邻的网络空间结构已经逐渐被打破，不相邻区域之间的影响也日益增强。从网络效率来看，该值从2015年的0.8529下降到2017年的0.6920，表明线的冗余度越来越大。这表明随着文化产业与人工智能技术的融合发展，区域关联性增强，另外也表明我国文化产业效率网络的空间溢出渠道越来越复杂，存在明显的多重叠加现象。

6.2.2 节点中心度分析

通过计算各网络节点的点出度、点入度、度中心度、接近中心度和中介中心度,分析所考察的31个省(区、市)的网络位置与权力,计算结果见表6-3和表6-4。

表6-3 2015年中国31个省(区、市)节点中心度分析

省(区、市)	点出度	点入度	度中心度	排名	接近中心度	排名	中介中心度	排名
河北	30	6	100	1	100	1	43.401	1
北京	26	1	86.667	2	88.235	2	28.625	2
天津	15	1	50	3	66.667	3	6.556	3
上海	10	4	36.667	4	61.224	4	2.858	4
江西	4	6	26.667	5	57.692	5	1.155	5
安徽	4	5	20	6	55.556	6	0.402	6
广东	3	6	20	7	55.556	6	0.276	9
贵州	2	6	20	8	55.556	6	0.374	7
福建	0	5	16.667	9	54.545	9	0.061	17
广西	1	5	16.667	10	54.545	9	0.163	12
海南	1	5	16.667	11	54.545	9	0.163	12
湖南	0	5	16.667	12	54.545	9	0.24	10
江苏	4	2	16.667	13	54.545	9	0.314	8
云南	0	5	16.667	14	54.545	9	0.205	11
重庆	3	4	16.667	15	54.545	9	0.161	14
湖北	0	4	13.333	16	53.571	16	0.115	15
四川	1	4	13.333	17	53.571	16	0.073	16
浙江	3	4	13.333	18	53.571	16	0.038	18
甘肃	0	3	10	19	52.632	19	0.015	19

续表

省（区、市）	点出度	点入度	度中心度	排名	接近中心度	排名	中介中心度	排名
黑龙江	0	3	10	20	52.632	19	0.015	19
吉林	0	3	10	21	52.632	19	0.015	19
辽宁	0	3	10	22	52.632	19	0.015	19
青海	0	3	10	23	52.632	19	0.015	19
西藏	0	3	10	24	52.632	19	0.015	19
新疆	0	3	10	25	52.632	19	0.015	19
河南	1	2	6.667	26	51.724	26	0	26
内蒙古	1	2	6.667	27	51.724	26	0	26
宁夏	0	2	6.667	28	51.724	26	0	26
山东	1	2	6.667	29	51.724	26	0	26
山西	1	2	6.667	30	51.724	26	0	26
陕西	0	2	6.667	31	51.724	26	0	26
均值	3.581	3.581	20.215		56.831		2.751	

表6-4 2017年中国31个省（区、市）节点中心度分析

省（区、市）	点出度	点入度	度中心度	排名	接近中心度	排名	中介中心度	排名
上海	27	6	90	1	90.909	1	16.435	1
内蒙古	25	5	83.333	2	85.714	2	9.571	5
北京	23	4	76.667	3	81.081	3	10.253	2
天津	23	6	76.667	4	81.081	3	10.253	2
江苏	21	5	73.333	5	78.947	5	9.586	4
浙江	14	4	50	6	66.667	6	3.078	6
甘肃	8	7	40	7	62.5	7	1.253	9
广东	9	9	40	8	62.5	7	1.415	7
福建	7	8	36.667	9	61.224	9	1.395	8
贵州	3	9	30	10	58.824	10	0.507	11
湖南	2	9	30	11	58.824	10	0.485	13

续表

省（区、市）	点出度	点入度	度中心度	排名	接近中心度	排名	中介中心度	排名
江西	6	9	30	12	58.824	10	0.485	13
四川	1	9	30	13	58.824	10	0.387	16
云南	2	8	30	14	58.824	10	0.507	11
广西	2	8	26.667	15	57.692	15	0.318	18
湖北	4	7	26.667	16	57.692	15	0.691	10
山东	3	8	26.667	17	57.692	15	0.392	15
陕西	0	8	26.667	18	57.692	15	0.371	17
西藏	0	8	26.667	19	57.692	15	0.318	18
重庆	2	8	26.667	20	57.692	15	0.203	21
海南	1	7	23.333	21	56.604	21	0.318	18
河南	4	7	23.333	22	56.604	21	0.191	23
新疆	0	7	23.333	23	56.604	21	0.198	22
黑龙江	1	6	20	24	55.556	24	0.108	25
宁夏	1	6	20	25	55.556	24	0.062	27
青海	1	6	20	26	55.556	24	0.062	27
山西	5	4	20	27	55.556	24	0.068	26
安徽	5	3	16.667	28	54.545	28	0.13	24
河北	3	4	16.667	29	54.545	28	0.03	31
吉林	1	5	16.667	30	54.545	28	0.062	27
辽宁	1	5	16.667	31	54.545	28	0.062	27
均值	6.612	6.612	35.268		61.971		2.232	

人工智能时代到来的前后一年（2015年、2017年）中心度排名中北京、上海、天津、广东一直位于前列，表明这些传统的文化产业大省（市）始终处于文化产业效率网络的核心位置，并且这些省（市）也是经济发达地区，人工智能技术发展水平也处于全国前列，因此人工智能技术的发展对其在文化产业效率网络中的地位影响并不明显。

另外，江苏、浙江在2015年的文化产业效率网络中位于中部位置，但是在2016年进入人工智能时代后，它们充分利用自身技术和经济优势，将文化产业与人工智能技术融合发展，实现"弯道超车"，在2017年的文化产业效率网络中分别排第五位和第六位，处于人工智能时代文化产业效率网络的核心位置。同时，我们不难发现在2015年的文化产业效率网络中点出度大于点入度的只有5个省份，而进入人工智能时代以来，在2017年的文化产业效率网络中点出度大于点入度的省份增长到9个，说明人工智能技术与文化产业的融合发展不仅能够提高文化产业效率，也能够增强整个网络的溢出效应。另外，像东三省、青海、西藏等经济欠发达地区在进入人工智能时代后由于技术落后、人才缺乏，文化产业发展停滞不前，逐渐被其他省份超越，其文化产业的发展主要受益于网络的溢出效应，受制于其他省份。

通过进一步分析，无论是在2015年还是在2017年的文化产业效率网络中，度中心度越大，越处于中心位置，接近中心度和中介中心度一般也都比较高，控制其他省份的能力比较强，受制于其他省份的可能性较低。另外，度中心度较低的省份，接近中心度和中介中心度排名也较靠后，对其他省份的控制能力很弱，主要扮演者受益者的角色。总体来讲，2015年文化产业效率网络的度中心度均值、接近中心度均值分别为20.215、56.831，均低于2017年的35.268、61.971，说明人工智能技术的发展能够进一步巩固传统的文化产业大省的核心地位。可见，无论是在2015年还是在2017年的文化产业效率网络中，各个省份在网络中所处的位置差异显著，非均衡特征明显，尤其是进入人工智能时代以来，传统的文化产业大省凭借自身的经济和技术优势再次将差距进一步扩大。为实现我国文化产业效率网络均衡发展，应该积极构建完善的网络系统，发挥核心节点的溢出效应，带动欠发达地区经济和人工智能技术均衡发展,最终实现文化产业效率网络均衡发展。

6.2.3 块模型分析

本节采用 Ucinet 6 软件进行如下路径 Network—Roles & Positions—Structural—CONCOR,选取最大分割深度为 2,收敛标准为 0.2,对文化产业效率网络空间联系矩阵进行块模型分析,得到四个文化产业发展模块,并据此分析我国文化产业的空间聚类特征。其中,2015 年位于板块 I 的省份有 17 个,分别为安徽、辽宁、福建、甘肃、青海、广西、贵州、海南、江西、四川、黑龙江、湖北、湖南、吉林、云南、西藏、新疆;位于板块 II 的省份有 8 个,分别为陕西、宁夏、重庆、内蒙古、山西、广东、河南、山东;位于板块 III 的省份有 3 个,分别为河北、天津、北京;位于板块 IV 的省份有 3 个,分别为江苏、浙江、上海。另外,进入人工智能时代之后,各模块发生了一定变化,2017 年位于板块 I 的省份有 11 个,分别为安徽、江西、四川、贵州、湖北、广西、湖南、海南、新疆、云南、西藏;位于板块 II 的省份有 12 个,分别为甘肃、辽宁、重庆、青海、河北、黑龙江、山西、宁夏、陕西、河南、吉林、山东;位于板块 III 的省份有 5 个,分别为内蒙古、北京、天津、上海、江苏;位于板块 IV 的省份有 3 个,分别为广东、浙江、福建。

由表 6-5 可知,在 2015 年中国文化产业效率网络的整体关联网络中存在 111 个关系,而板块内部之间的关联关系有 8 个,板块和板块之间的关联关系有 103 个,说明各个板块之间的文化产业存在明显的空间关联。其中,板块 I、II、III、IV 的实际内部关系比例均低于期望内部关系比例。通过比较四个板块发现,板块Ⅲ两者差异值仅为1.37个百分点,差距最小;与其他三个板块相比,板块Ⅰ的受益关系比例最高,板块Ⅳ次之,板块Ⅱ最低。因此,结合前文的划分标准,板块Ⅰ、Ⅱ、Ⅲ、Ⅳ分别属于主受益板块、双向溢出板块、主溢出板块和经纪人板块。同时为了考察板块与板块之间的联系,将四个板块的密度与整体网络密度0.1194进行比较,如果板块密度大于0.1194则赋值为1,即板块密度大于网络密度,文化产业关联将更集中于板块;如果板块密度小于0.1194则赋值为0,将密度矩阵转化为像矩阵(见表6-6)。

表6-5 2015年中国文化产业效率网络的空间溢出效应

单位:个,%

文化板块	板块Ⅰ接收关系	板块Ⅱ接收关系	板块Ⅲ接收关系	板块Ⅳ接收关系	板块成员数量	期望内部关系比例	实际内部关系比例	板块特征
板块Ⅰ	2	6	0	5	17	53	15.38	主受益板块
板块Ⅱ	6	0	4	0	8	23	0	双向溢出板块
板块Ⅲ	48	16	4	3	3	7	5.63	主溢出板块
板块Ⅳ	15	0	0	2	3	17	11.76	经纪人板块

表6-6 2015年中国文化产业效率网络的密度矩阵和像矩阵

板块	密度矩阵				像矩阵			
	板块Ⅰ	板块Ⅱ	板块Ⅲ	板块Ⅳ	板块Ⅰ	板块Ⅱ	板块Ⅲ	板块Ⅳ
板块Ⅰ	0.007	0.044	0.000	0.098	0	0	0	0
板块Ⅱ	0.044	0.000	0.167	0.000	0	0	1	0
板块Ⅲ	0.941	0.667	0.667	0.333	1	1	1	1
板块Ⅳ	0.294	0.000	0.000	0.333	1	0	0	1

由表 6-7 可知，在 2017 年中国文化产业效率网络的整体关联网络中存在 205 个关系，而板块内部之间的关联关系有 24 个，板块和板块之间的关联关系有 181 个，说明各个板块之间的文化产业存在明显的空间关联。其中，板块Ⅰ、Ⅲ、Ⅳ的实际内部关系比例均低于期望内部关系比例。通过比较这三个板块发现，板块Ⅲ、Ⅳ实际与期望内部关系比例差距相似且较小，但是板块Ⅲ的溢出比例最大；同时，板块Ⅰ、Ⅲ、Ⅳ相比，板块Ⅰ的受益关系比例最高，板块Ⅲ次之，板块Ⅳ最低。另外，板块Ⅱ的期望内部关系比例低于实际内部关系比例。因此，结合前文的划分标准，板块Ⅰ、Ⅱ、Ⅲ、Ⅳ分别属于主受益板块、双向溢出板块、主溢出板块和经纪人板块。同时为了考察板块与板块之间的联系，将四个板块的密度与整体网络密度 0.2204 进行比较，如果板块密度大于 0.2204 则赋值为 1，即板块密度大于网络密度，文化产业关联将更集中于板块；如果板块密度小于 0.2204 则赋值为 0，将密度矩阵转化为像矩阵（见表 6-8）。

表 6-7　2017 年中国文化产业效率网络的空间溢出效应

单位：个，%

文化板块	板块Ⅰ接收关系	板块Ⅱ接收关系	板块Ⅲ接收关系	板块Ⅳ接收关系	板块成员数量	期望内部关系比例	实际内部关系比例	板块特征
板块Ⅰ	4	3	6	13	11	33	15.38	主受益板块
板块Ⅱ	3	13	12	2	12	37	43.33	双向溢出板块
板块Ⅲ	50	56	7	6	5	13	5.88	主溢出板块

续表

文化板块	板块Ⅰ接收关系	板块Ⅱ接收关系	板块Ⅲ接收关系	板块Ⅳ接收关系	板块成员数量	期望内部关系比例	实际内部关系比例	板块特征
板块Ⅳ	27	2	1	0	3	7	0	经纪人板块

表 6-8 2017 年中国文化产业效率网络的密度矩阵和像矩阵

板块	密度矩阵				像矩阵			
	板块Ⅰ	板块Ⅱ	板块Ⅲ	板块Ⅳ	板块Ⅰ	板块Ⅱ	板块Ⅲ	板块Ⅳ
板块Ⅰ	0.063	0.023	0.109	0.394	0	0	0	1
板块Ⅱ	0.023	0.098	0.200	0.056	0	0	0	0
板块Ⅲ	0.909	0.933	0.350	0.400	1	1	1	1
板块Ⅳ	0.818	0.056	0.067	0.000	1	0	0	0

综上所述，我们对比 2015 年与 2017 年的四个板块，发现四个板块扮演的角色没有发生变化，但是由于人工智能技术与文化产业的融合发展，2017 年与 2015 年各个板块的成员发生了一定的变化。同时整体网络密度也从 0.1194 提升到 0.2204，网络联系强度增大，各个板块的溢出关系和接收关系也都得到了增强。不难发现，随着人工智能技术的发展，传统的文化产业大省和经济发达的沿海省份积极探索文化产业与人工智能技术融合发展，实现正向的促进作用，进一步扩大原有优势。但是，例如东三省以及西藏这样的欠发达地区，文化产业发展一直处于落后地位，再加上人工智能技术严重滞后，使两者差距进一步扩大。因此，在推动人工智能技术与文化产业融合发展的过程中，我们应该进一步构建和完善人工智能时代文化产业效率网络，充分发挥网络的溢出效应，逐渐缩小各地区之间的差异，实现各地区人工智能技术与文化产业均衡发展。

6.3 人工智能时代文化产业效率的空间网络影响因素分析

6.3.1 指标选取

1. 被解释变量

传统的文化产业效率网络空间结构与演化受多种因素的影响，归纳国内外学者有关文化产业网络的相关研究后发现，文化产业网络空间性质主要受到经济发展水平、文化产业人力投入、文化产业资本投入、地理空间距离等因素的影响。因此，本章研究人工智能时代文化产业效率网络的影响因素是在前人的基础上加入人工智能技术发展水平作为解释变量，选取2017年中国31个省（区、市）的变量指标进行实证探究。2016年是人工智能元年，2017年是人工智能技术与文化产业融合发展的爆发增长时间点，因此本章选取2017年的文化产业效率网络连接度矩阵（Y）作为研究人工智能时代中国文化产业效率网络影响因素的被解释变量。

2. 解释变量

A 表示各省份人工智能技术发展水平差异矩阵，主要描述各省份之间的人工智能技术发展水平差异，用各省份的人工智能专利数量差值衡量；B 表示各省份经济发展水平差异矩阵，主要是对各省份之间的经济发展水平差异进行描述，用各省份人均 GDP 差值衡量；C 表示各省份文化产业人力投入差异矩阵，主要描述各省份之间文化及其相关产业的从业人员数量差异，由各省份年末文化及其相关产业从业人员数量差值衡量；D 表示各省份文化产业资本投入差异矩阵，主要描述各省份为发展文化及其相关产业的政府投资水平差异，由各省份的政府财政一般预算支出差值衡量；E 表示各省份空间距离矩阵，主要描述各省份之间的空间距离，用各省会城市之间的距离衡量（见表6-9）。

表6-9　人工智能时代中国文化产业效率网络解释变量

变量	变量解释与说明
A	各省份人工智能技术发展水平差异矩阵
B	各省份经济发展水平差异矩阵
C	各省份文化产业人力投入差异矩阵
D	各省份文化产业资本投入差异矩阵
E	各省份空间距离矩阵

6.3.2　研究方法及理论模型设定

在文化产业效率网络影响因素的研究过程中，涉及的变量主要是体现各个省份之间空间联系的关系数据，因此常规的统计检验方法不能用来检验关系数据之间是否存在相关性。另外，由于自变量的关系数据之间可能本身具有高度的相关性，在运用传统回归估计参数方法时往往会出现多重共线性问题，因此需要应用一种能够解决上述问题的非参数方法来对模型系数进行更好的估计。

本章设定理论模型的目标如下：基于 QAP 回归方法，全面系统地考察人工智能时代文化产业效率网络的空间结构演化机制，分析人工智能时代文化产业效率网络空间结构演化受到哪些关键变量的影响，为找到推动人工智能时代中国文化产业效率网络空间布局的突破点提供理论依据。因此,为了全面系统地剖析人工智能时代文化产业效率网络空间结构的演化机制,本部分结合人工智能时代文化产业效率网络空间结构影响因素的理论基础,并考虑相关数据的可得性和时间的特殊性,选取2017年相关数据对人工智能时代文化产业效率空间结构的内在和外在影响因素进行分析,设定如下理论模型:

$$Y = A\beta_1 + B\beta_2 + C\beta_3 + D\beta_4 + E\beta_5 + \varepsilon \tag{6-4}$$

6.3.3　QAP 回归分析

根据 QAP 回归分析方法的测度,选择 5000 次随机置换。从表 6-10 的回归结果来看,各省份人工智能技术发展水平差异矩阵对人工智能时代文化产业效率网络空间连接度矩阵的影响系数为负,且在 1% 的水平下显著,说明各省份之间的人工智能技术发展水平差距越小,人工智能技术发展处于同一水平,人工智能时代中国文化产业效率网络相关性越强。

表 6-10　人工智能时代中国文化产业效率网络影响因素 QAP 回归分析

变量矩阵	回归系数	显著性水平
A	−0.150252	0.008***
B	−0.056080	0.092*
C	0.004067	0.432
D	0.072015	0.137
E	−0.221935	0.000***

注:*、*** 分别表示参数对应的 p 值在 10%、1% 的统计水平下显著。

各省份经济发展水平差异矩阵与人工智能时代文化产业效率网络连接度矩阵呈负向的相关关系，且在10%的水平下显著，说明各省份经济基础差值越小，文化产业网络相关性越强，即需要各省份协同发展，不断缩小经济发展差距，才能够实现各省份之间文化产业的交流与融合发展，强化文化产业效率网络联系。

各省份文化产业人力投入差异矩阵和文化产业资本投入差异矩阵的回归系数均为正，说明区域间文化产业人力投入和资本投入差异越大，人才和资本越会向发达地区流动，其空间关联作用越明显。

各省份空间距离矩阵的回归系数为负，且在1%的水平下显著，表明空间距离对人工智能时代文化产业效率网络有负向作用，距离的增长使得要素之间流动的成本增加，空间转移难度增大，从而影响省份间的空间溢出作用。

第7章
人工智能时代中国文化产业效率演进的时空分异分析

我国区域间人工智能技术水平、政策落实情况、经济发展水平、文化消费需求等都存在显著差异，因而人工智能对中国文化产业效率演进的影响存在时空分异特征。那么，人工智能时代对中国文化产业效率演进的加成作用究竟几何？是否存在时间与空间上的显著差异？这些问题值得进一步深入探讨。

从分析方法上看，学者们常选择在"均衡"范式下利用静态回归分析，探究产业效率提升的原因，但这一研究范式无法合理解释中国文化产业效率变革的时空分异成因。且人工智能在中国文化产业上的应用存在明显的地域先后性，一般的回归分析无法准确刻画。因此，我们基于时间平均和地区平均两个角度，分析我国东部、中部和西部文化产业效率的空间分布特征，并借助 ArcGIS 10.2 软件绘制可视化地图，对比人工智能元年（2016年）前后，我国文化产业全要素生产率、技术效率、技术进步在空间上的差异，从而探究人工智能时代中国文化产业效率演进的空间特征。

7.1　文化产业效率平均值的时空分异分析

基于 5.4 节文化产业全要素生产率、技术效率和技术进步的测算结果，本章基于时间平均的角度，考察我国 31 个省（区、市）文化产业效率的空间特征。

表 7-1 反映了 2015~2019 年中国 31 个省（区、市）文化产业全要素生产率变化的几何平均值及其排名，排名前 10 的省份中，有 6 个属于东部地区，且北京、天津、上海、广东的文化产业效率排在前 5 名；中部地区仅有安徽 1 个省的文化产业效率平均值排在前 10 名；西部地区有 2 个省份的文化产业效率平均值排在前 10 名，为西藏和重庆；中部除安徽外，其余省份的文化产业效率平均值均小于 1；而西部地区的文化产业效率平均值除广西、重庆、西藏刚达到 1 外，其余省份的文化产业效率平均值都小于 1，表明中部和西部省份文化产业普遍存在效率不高的情况，原因是这些地区资源配置合理性欠缺、技术投入和改进不足等。进一步观察发现，东部、中部、西部省份的文化产业全要素生产率呈现东部高、中部和西部相近的模式，与表 5-2 分析结果一致。

表 7-1 2015~2019 年中国 31 个省（区、市）文化产业全要素生产率变化的几何平均值及其排名

地区	平均值	排名	地区	平均值	排名
北京	1.525	2	湖北	0.967	18
天津	1.485	3	湖南	0.933	26
河北	0.945	23	广东	1.263	4
山西	0.872	29	广西	1.002	11
内蒙古	2.471	1	海南	0.978	13
辽宁	0.954	21	重庆	1.054	7
吉林	0.984	12	四川	0.956	20
黑龙江	0.777	31	贵州	0.977	14
上海	1.159	5	云南	0.973	15

续表

地区	平均值	排名	地区	平均值	排名
江苏	0.957	19	西藏	1.075	6
浙江	1.026	8	陕西	0.942	24
安徽	1.023	9	甘肃	0.936	25
福建	0.947	22	青海	0.968	17
江西	0.929	27	宁夏	0.807	30
山东	1.017	10	新疆	0.926	28
河南	0.971	16			

表7-2反映了2015~2019年中国31个省（区、市）文化产业技术效率变化的几何平均值与其排名。与文化产业全要素生产率不同，对于文化产业技术效率变化的平均值，排名前10的省份中，有6个省份属于东部地区，4个省份属于西部地区，中部省份的文化产业技术效率没有排在前10名。对于东部省份来说，天津、广东、山东、上海的文化产业技术效率排在前5名，且平均值均大于1，表明2015~2019年这些省（市）的文化产业技术效率在平均状态上得到提升。对于我国31个省（区、市）来说，除山西、宁夏、黑龙江和内蒙古的文化产业技术效率平均值小于1外，其余省份的文化产业技术效率平均值均大于1，即中国多数省份的文化产业技术效率得到有效提升。结合前述全要素生产率的分析可知，对于中部省份来说，大力提高文化产业技术效率，可以更有效地提升其文化产业的全要素生产率。

表 7-2　2015~2019 年中国 31 个省（区、市）文化产业技术效率变化的几何平均值及其排名

地区	平均值	排名	地区	平均值	排名
北京	1.078	23	湖北	1.083	22
天津	1.245	1	湖南	1.088	19
河北	1.107	16	广东	1.191	3
山西	0.988	28	广西	1.131	6
内蒙古	0.968	29	海南	1.127	9
辽宁	1.095	18	重庆	1.086	20
吉林	1.120	12	四川	1.069	26
黑龙江	0.876	31	贵州	1.112	15
上海	1.144	5	云南	1.113	14
江苏	1.073	25	西藏	1.245	1
浙江	1.128	7	陕西	1.074	24
安徽	1.122	11	甘肃	1.122	10
福建	1.064	27	青海	1.114	13
江西	1.085	21	宁夏	0.935	30
山东	1.151	4	新疆	1.127	8
河南	1.103	17			

表 7-3 反映了 2015~2019 年中国 31 个省（区、市）文化产业技术进步变化的几何平均值及其排名。由表 7-3 可知，对于文化产业技术进步变化的平均值，排名前 10 的省份中，有 8 个省份属于东部地区，中部省份和西部省份各有 1 个，且前 8 个省份均属于东部地区，分别为北京、天津、广东、上海、福建、浙江、江苏和海南；排名后 10 的省份中，东部省份有 2 个，西部省份有 5 个，东部省份有 3 个。

西部省份的文化产业技术进步大多排在中等位置。从数值上看，中国 31 个省（区、市）中，除北京、天津、广东、上海、福建、浙江的文化产业技术进步变化平均值大于 1，其余省份的文化产业技术进步变化平均值均小于 1，因此，人工智能时代我国各省（区、市）的文化产业技术进步需要持续关注、投入和改善。

表 7-3 2015~2019 年中国 31 个省（区、市）文化产业技术进步变化的几何平均值及其排名

省（区、市）	平均值	排名	省（区、市）	平均值	排名
北京	1.329	1	湖北	0.984	8
天津	1.294	2	湖南	0.958	14
河北	0.903	31	广东	1.141	3
山西	0.929	23	广西	0.943	21
内蒙古	0.965	11	海南	0.984	8
辽宁	0.947	19	重庆	0.982	10
吉林	0.940	22	四川	0.958	14
黑龙江	0.919	27	贵州	0.965	11
上海	1.104	4	云南	0.958	14
江苏	0.996	7	西藏	0.943	20
浙江	1.032	6	陕西	0.947	18
安徽	0.964	13	甘肃	0.917	28
福建	1.069	5	青海	0.953	17
江西	0.916	29	宁夏	0.921	26
山东	0.924	24	新疆	0.915	30
河南	0.924	24			

上述分析是基于时间平均的角度，借助文化产业效率的几何平均值，考察文化产业全要素生产率、技术效率和技术进步的空间分布情况。进一步，我们基于地区平均的角度，考察 2015~2019 年我国文化产业效率的空间特征差异。

由图 7-1 可知，我国东部、中部和西部文化产业全要素生产率在 2015~2019 年间围绕数值 1 平稳波动，且幅度较小。进一步分析发现，2015~2016 年、2018~2019 年我国各地区的文化产业全要素生产率表现为东部＞西部＞中部，且东部的文化产业全要素生产率明显高于中西部；而 2016-2018 年我国各地区的文化产业全要素生产率表现为东部＞中部＞西部。从图 7-2 可以看出，我国东、中和西部文化产业的技术效率变化情况基本保持一致。从图 7-3 中东、中和西部文化产业技术进步变化情况看，东部地区的文化产业技术进步总体大于中西部地区。由此可见，我国东、中和西部文化产业全要素生产率存在明

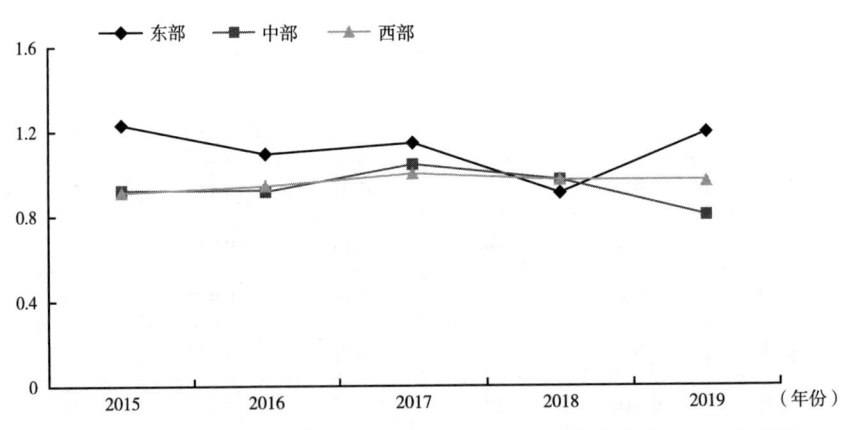

图 7-1　2015~2019 年中国东、中、西部文化产业全要素生产率变化情况

显的空间分异特征，且其变化是技术效率变化和技术进步共同作用的结果。

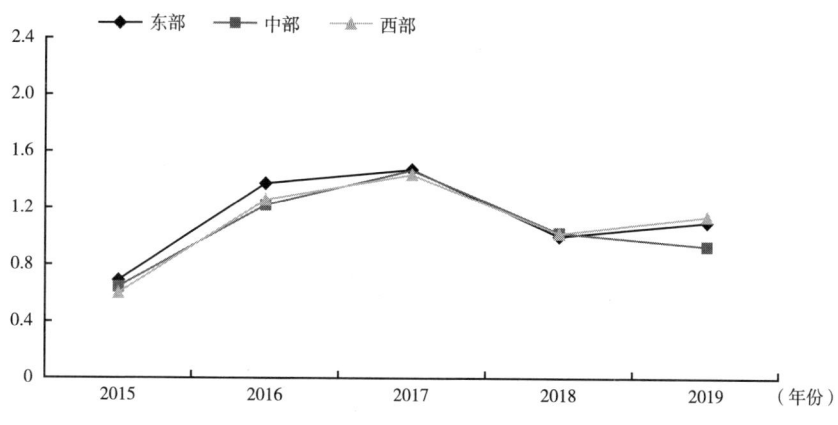

图 7-2　2015~2019 年中国东、中、西部文化产业技术效率变化情况

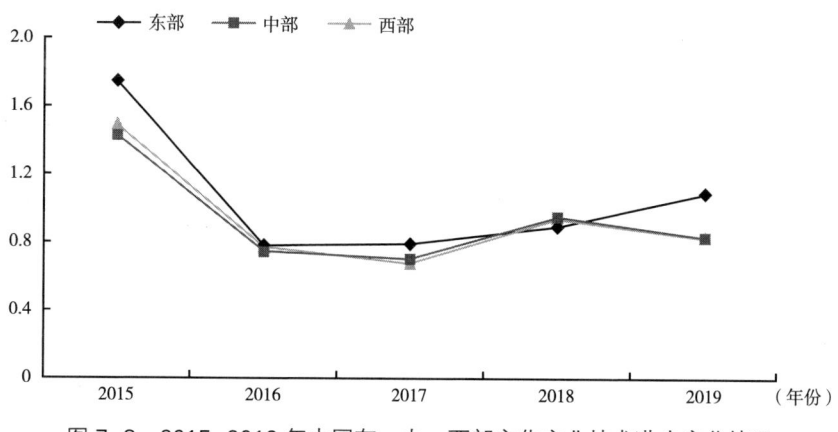

图 7-3　2015~2019 年中国东、中、西部文化产业技术进步变化情况

7.2 可视化视角下中国文化产业效率演进的时空分异分析

7.2.1 基于全要素生产率的中国文化产业效率演进的时空分异

为了使不同年份文化产业效率具有可比性，我们尽可能地将可视化地图的色带标注统一，且文化产业效率超过3的省份归为2.0001~3.0000这一类，该处理方式适用于下文文化产业全要素生产率、技术效率和技术进步的可视化空间特征分析。

对比图7-4、图7-5中2015年和2017年中国文化产业全要素生产率变化的空间分布情况，发现我国东部、中部和西部地区的文化产业全要素生产率变化呈现明显的地区分布差异，2015年东部地区全要素生产率明显较高，中部和西部地区的全要素生产率偏低；2017年与2015年的文化产业全要素生产率相比，中部和西部地区的文化产业全要素生产率明显得到提升，但仍然存在明显的地区差异。因此，人工智能的发展有利于中部和西部地区文化产业全要素生产率的提高，进一步缩小中部和西部地区文化产业全要素生产率与东部地区的差距。

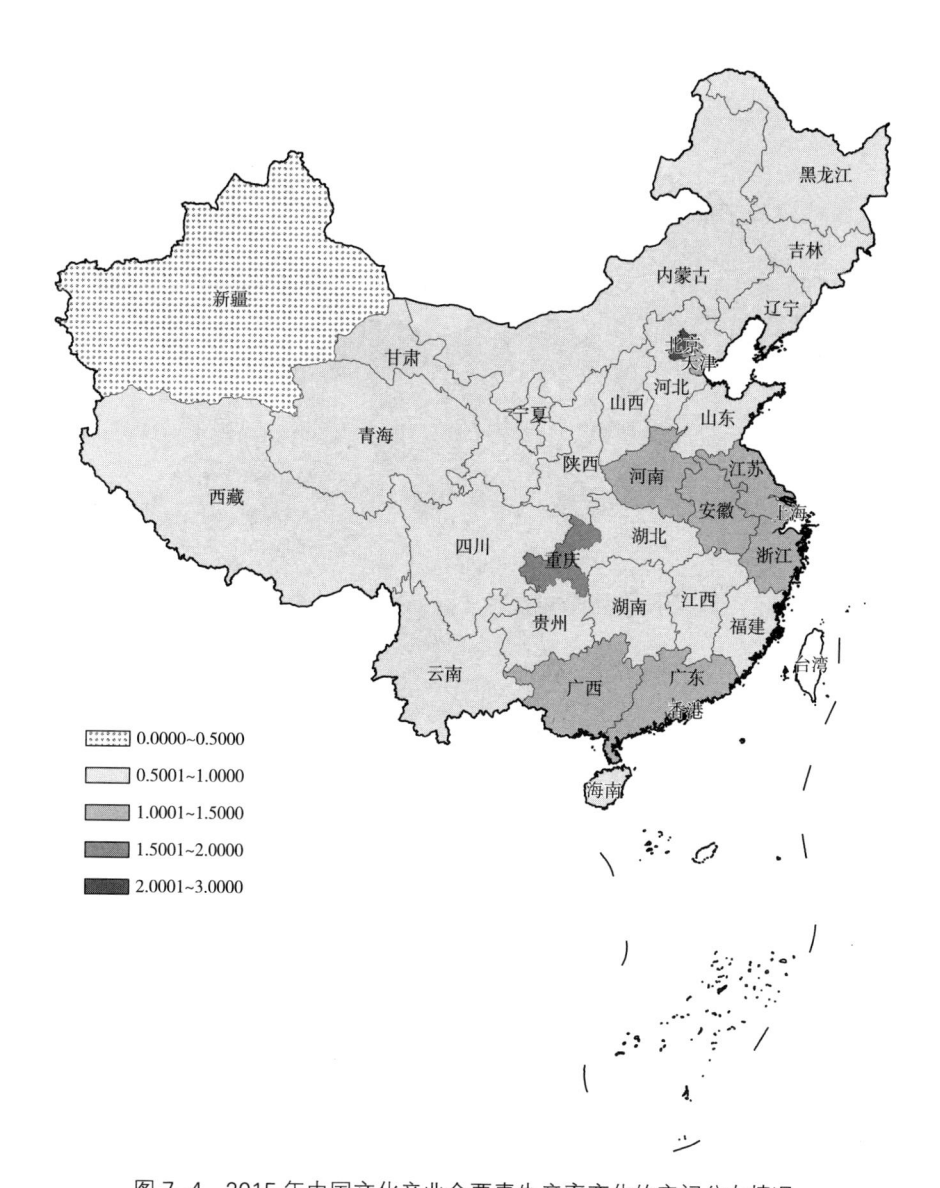

图 7-4　2015 年中国文化产业全要素生产率变化的空间分布情况

注：本图基于自然资源部标准地图服务网站下载的审图号为 GS（2020）4619 号标准地图制作，地图无修改。

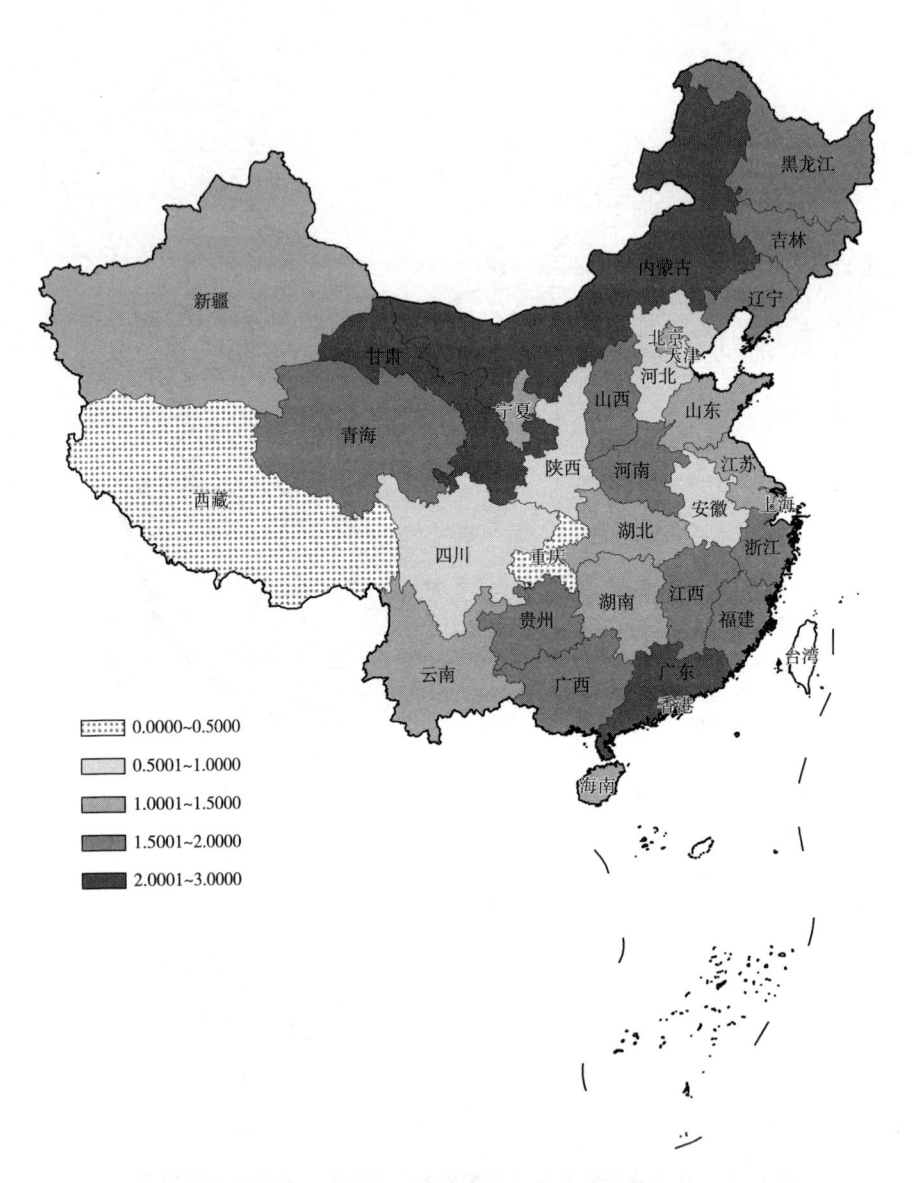

图 7-5　2017 年中国文化产业全要素生产率变化的空间分布情况

注：本图基于自然资源部标准地图服务网站下载的审图号为 GS（2020）4619 号标准地图制作，地图无修改。

7.2.2 基于技术效率和技术进步的中国文化产业效率演进的时空分异

为了探究中国文化产业全要素生产率呈现明显空间差异的原因，我们将中国文化产业全要素生产率进行分解，进一步对文化产业技术效率和技术进步变化的空间分布进行可视化描述。

1. 中国文化产业技术效率变化的空间分布

从图 7-6 和图 7-7 中国文化产业技术效率的可视化分布来看，2015 年我国文化产业技术效率均处于较低的水平，到 2017 年，我国文化产业技术效率发生显著变化，东部和中部地区都得到了较大提高，我国东部、中部和西部地区文化产业技术效率呈现明显的空间差异。对比图 7-4 和图 7-5 可知，我国文化产业技术效率的提升是导致文化产业全要素生产率提高的重要原因，且在空间分布上，两者呈现较为一致的分布，人工智能因素加剧了我国各地区文化产业技术效率的空间差异。

2. 中国文化产业技术进步变化的空间分布

从图 7-8 可以看出，2015 年中国文化产业技术进步呈现明显的空间特征，东部和中部地区的技术进步变化明显相近。结合图 7-9 可知，2015~2017 年，我国东部、中部和西部地区文化产业技术进步的空间差异变得不明显。由此可见，人工智能因素在一定程度上缩小了地区间的文化产业技术进步差异。

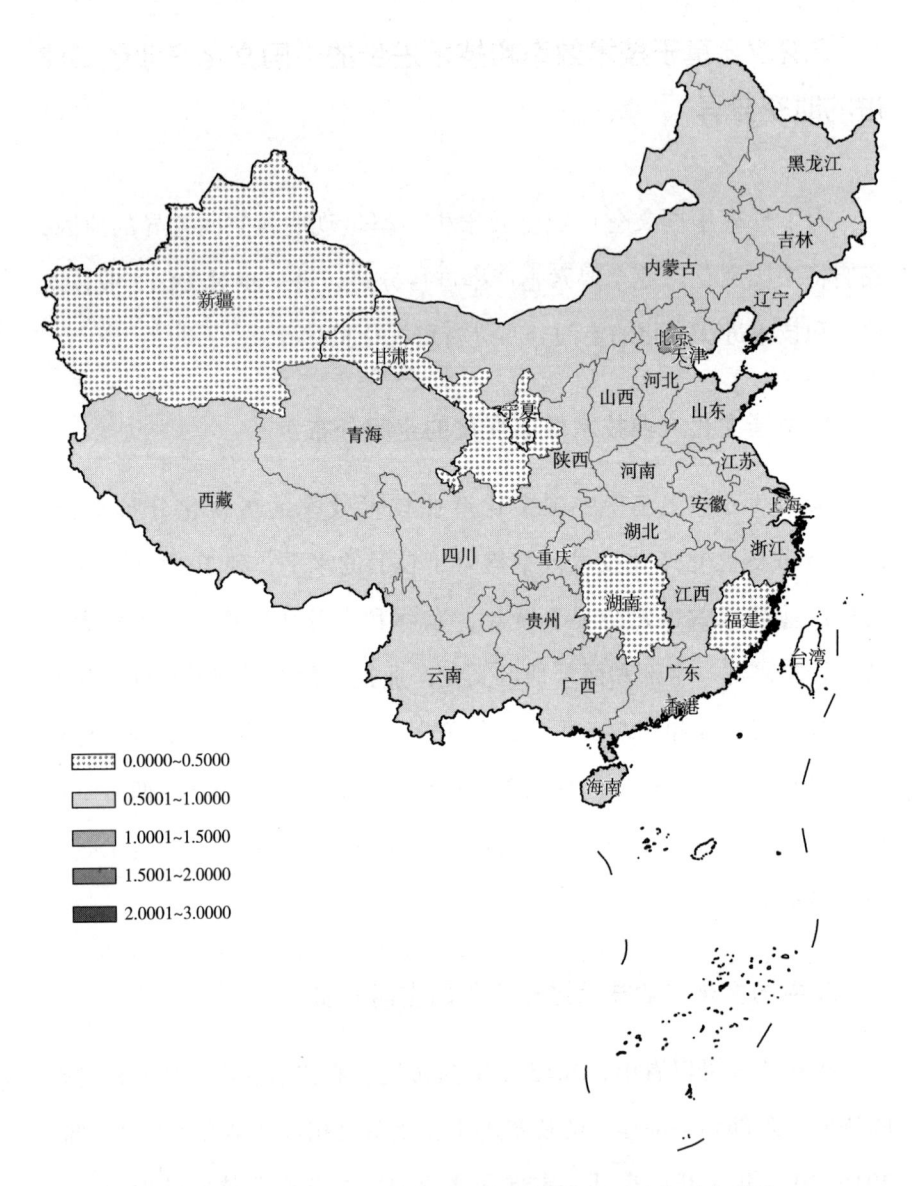

图 7-6　2015 年中国文化产业技术效率变化的空间分布情况

注：本图基于自然资源部标准地图服务网站下载的审图号为 GS（2020）4619 号标准地图制作，地图无修改。

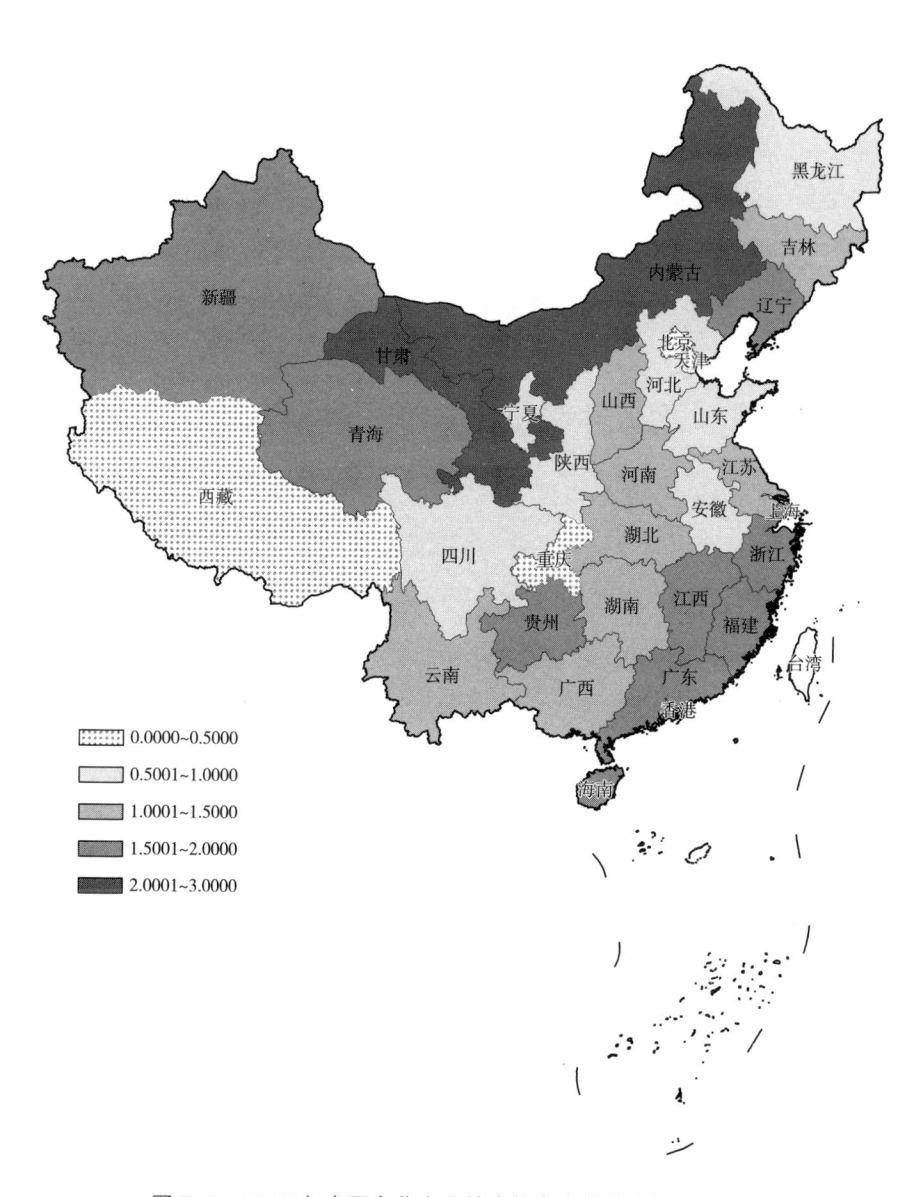

图 7-7 2017 年中国文化产业技术效率变化的空间分布情况

注：本图基于自然资源部标准地图服务网站下载的审图号为 GS（2020）4619 号标准地图制作，地图无修改。

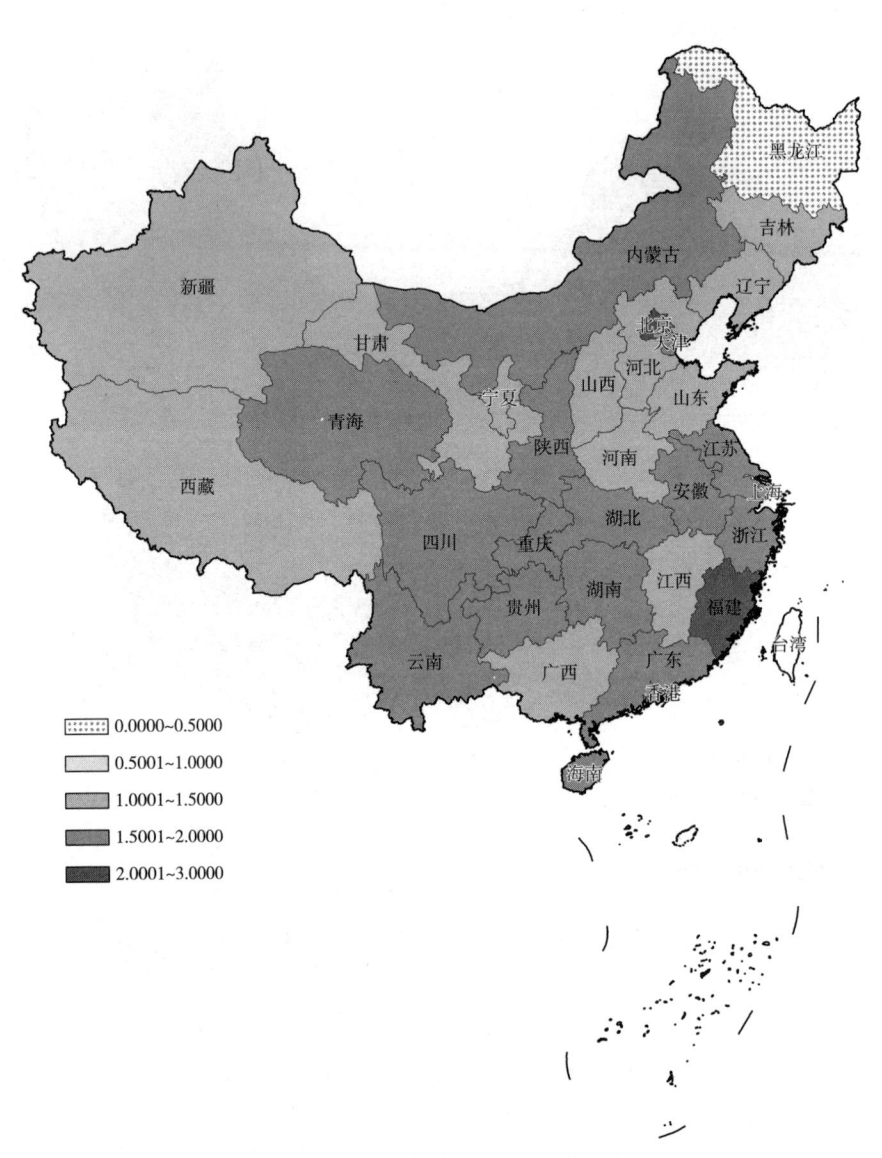

图 7-8　2015 年中国文化产业技术进步变化的空间分布情况

注：本图基于自然资源部标准地图服务网站下载的审图号为 GS（2020）4619 号标准地图制作，地图无修改。

图 7-9　2017 年中国文化产业技术进步变化的空间分布情况

注：本图基于自然资源部标准地图服务网站下载的审图号为 GS（2020）4619 号标准地图制作，地图无修改。

7.2.3 基于纯技术效率和规模效率的中国文化产业效率演进的时空分异

根据上述分析，文化产业技术效率的空间特征是导致中国文化产业全要素生产率呈现明显空间差异的重要原因，因而我们细化文化产业技术效率，将其分解为文化产业纯技术效率和规模效率，从两方面分析造成我国文化产业技术效率存在明显空间差异的原因。

由图 7-10、图 7-11 可知，2015 年我国文化产业纯技术效率未呈现明显的空间差异，到 2017 年我国东部、中部和西部文化产业纯技术效率明显提高，且呈现相对明显的空间差异，因此，人工智能因素在一定程度上对文化产业纯技术效率的提升具有积极作用，且文化产业纯技术效率的空间差异是导致我国文化产业技术效率呈现明显空间特征的重要原因。

由图 7-12 可知，2015 年中国文化产业规模效率呈现明显的空间差异，东部、中部地区的文化产业规模效率明显高于西部地区，这与当地经济发展水平存在较大的相关性。结合图 7-13 可以发现，人工智能时代我国文化产业的规模效率明显提升，且缩小了东部、中部和西部地区之间的规模效率差异。

综上所述，我国文化产业效率存在明显的空间分布差异，且文化产业技术效率的空间差异是造成文化产业全要素生产率呈现明显空间差异的重要原因，而文化产业纯技术效率和规模效率均对技术效率的空间分异存在明显作用。人工智能因素在一定程度上影响了我国文化产业效率的空间分布特征。从短期看，人工智能因素通过文化产业技术效率影响其全要素生产率；从长期看，人工智能因素通过文化产业技术进步影响其全要素生产率。

图 7-10 2015 年中国文化产业纯技术效率变化的空间分布情况

注：本图基于自然资源部标准地图服务网站下载的审图号为 GS（2020）4619 号标准地图制作，地图无修改。

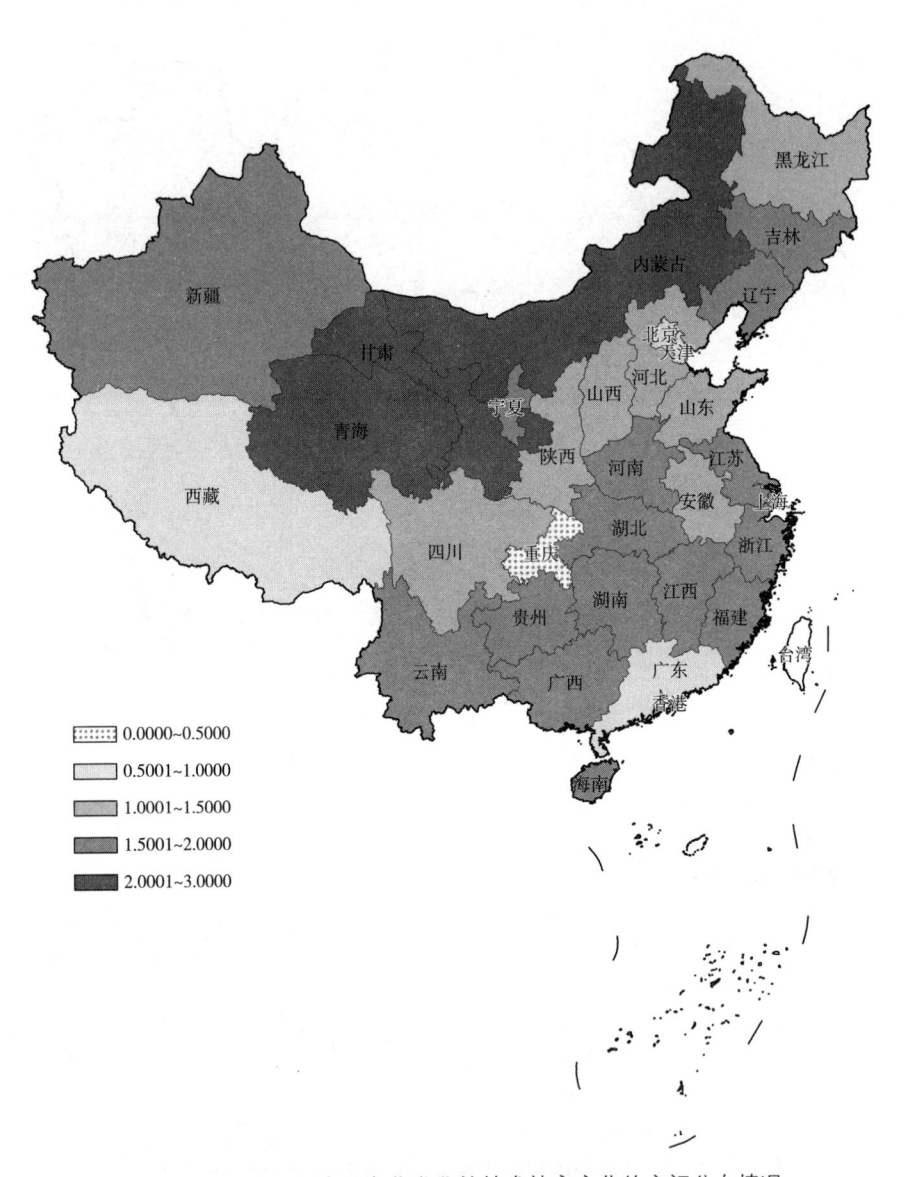

图 7-11　2017 年中国文化产业纯技术效率变化的空间分布情况

注：本图基于自然资源部标准地图服务网站下载的审图号为 GS（2020）4619 号标准地图制作，地图无修改。

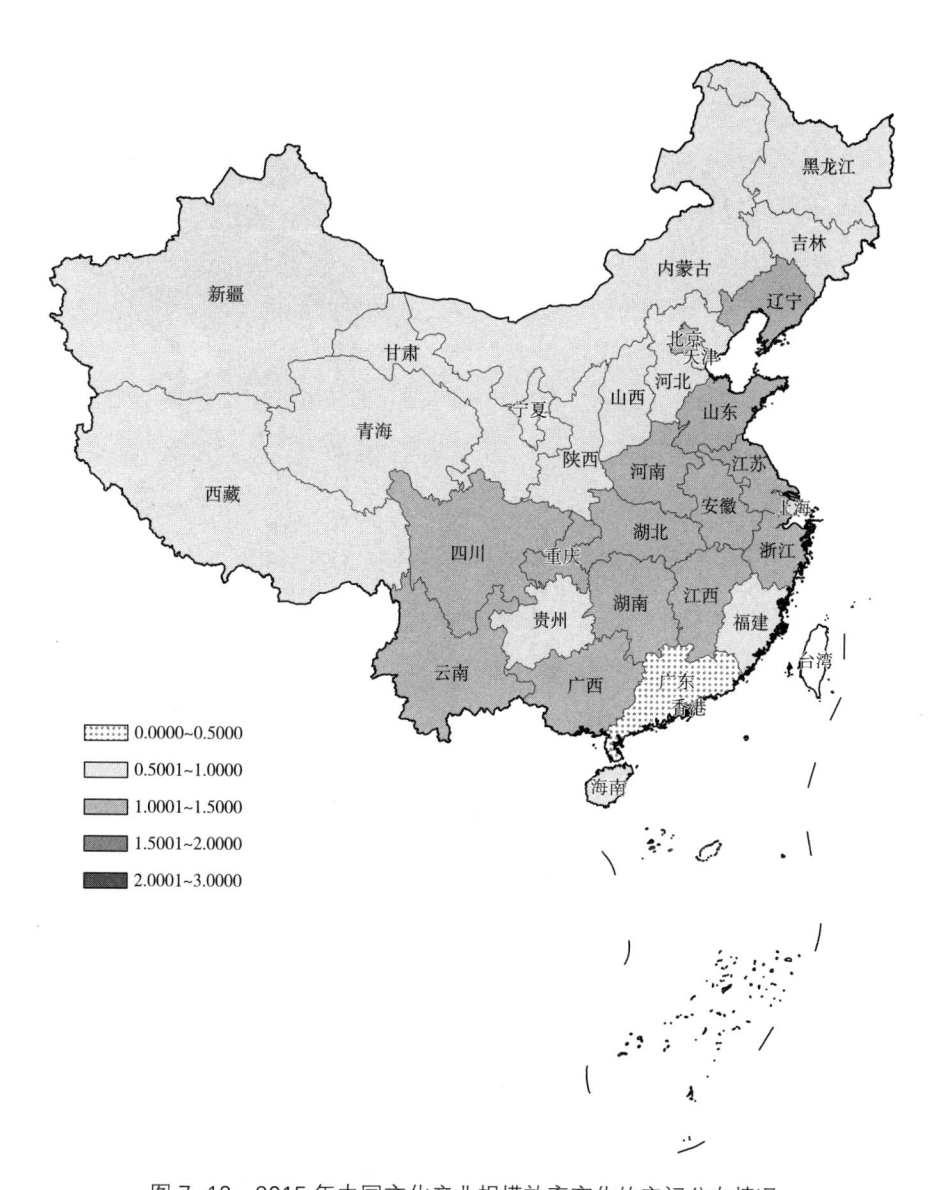

图 7-12　2015 年中国文化产业规模效率变化的空间分布情况

注：本图基于自然资源部标准地图服务网站下载的审图号为 GS（2020）4619 号标准地图制作，地图无修改。

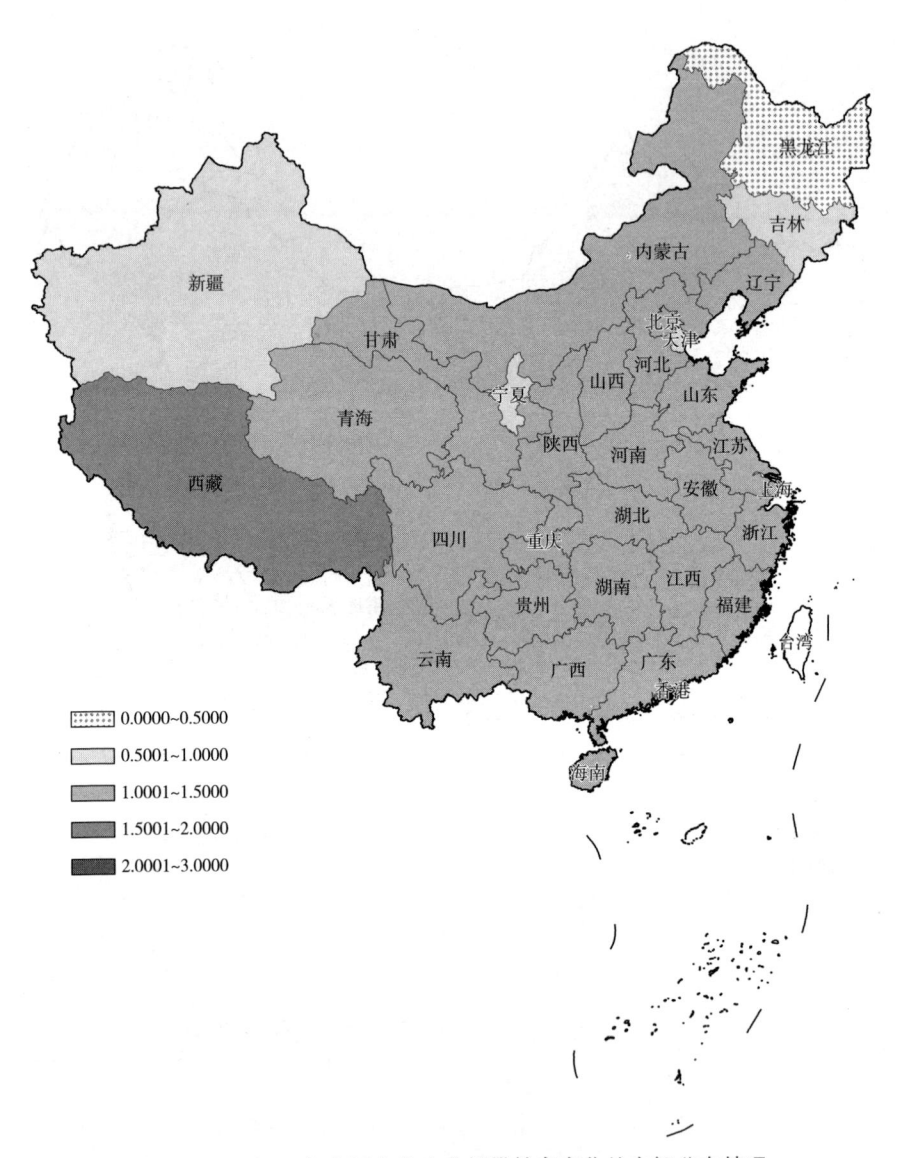

图 7-13 2017 年中国文化产业规模效率变化的空间分布情况

注：本图基于自然资源部标准地图服务网站下载的审图号为 GS（2020）4619 号标准地图制作，地图无修改。

第8章 人工智能时代中国文化产业效率影响因素分析

基于第 5 章关于人工智能时代中国文化产业全要素生产率的测度和分析，我们可以发现 2015~2019 年中国 31 个省（区、市）文化产业全要素生产率呈现出良好的增长势头，但是各省（区、市）的文化产业全要素生产率仍然有较大的进步空间。为促进人工智能时代中国 31 个省（区、市）文化产业全要素生产率的提升，优化文化产业发展，本章从分析人工智能时代中国 31 个省（区、市）文化产业全要素生产率的影响因素入手，考察人工智能时代影响其全要素生产率的主要因素，以探析提升文化产业全要素生产率的途径，并提出相应的对策建议。

通过对以上相关文献的回顾可以发现，对文化产业效率的测度和分析是近几年才开始发展起来的。结合当下提出的文化产业高质量发展，对文化产业效率的测度和分析成为当下研究的热点话题。前人对文化产业效率的测度主要集中于随机前沿分析法（SFA）、数据包络分析法（DEA）以及 DEA–Malmquist 指数法等方法。而对文化产业效率影响因素的分析，主要是运用简单的多元回归分析和 Tobit 模型，因此本章也采用多元回归分析对我国文化产业效率的影响因素进行实证分析。

8.1 人工智能时代文化产业效率影响因素的识别

人工智能时代文化产业效率受到众多因素的影响，根据现有文献和理论，我们认为城市化水平、产业结构、政府支持、文化市场需求、人工智能技术发展水平、经济发展水平是影响中国文化产业效率的重要因素，具体如下。

1. 城市化水平

城市化水平对人工智能时代文化产业效率的影响机制主要包括以下四个方面。一是人口增加带来的消费需求增加。城市化水平的提高会导致人口数量增加，从而带来更多的消费需求。这些消费需求包括文化产品和服务的消费，例如电影、音乐、艺术表演等。随着城市化水平的提高，人们的生活质量和文化需求也会相应提高，这为文化产业的发展提供了更广阔的市场和发展空间。二是促进文化资源的开发和利用。城市化水平的提高可以促进文化资源的开发和利用。随着城市规模的扩大和城市经济的发展，文化资源的种类和数量都会不断增加，这为文化产业的发展提供了更多的素材和创意。同时，城市化水平的提高也可以推动文化产业与其他产业的融合，形成新的文化产业集聚区和文化旅游景点。三是推动文化产业结构调整和升级。城市化水平的提高可以推动文化产业结构的调整和升级，使得文化产业向着高端化、智能化和国际化方向发展。同时，城市化水平的提高也可以促进文化市场的细分和专业化，使得文化产业更加具有针对性和差异化。四是促进文化企业的扩张和跨界发展。随着城市化水平的提高，文化企业的数量和规模也会不断增加和壮大。同时，城市化水平的提高也可以促进文化企业的跨界发展，使得文化企业涉足其他领域，如金融、科技等，从而实现更全面和综合的发展。

2. 产业结构

一是产业结构调整促进文化产业升级。产业结构的调整可以促进文化产业的升级和转型。通过淘汰落后产能、发展高新技术产业，可以优化文化产业的资源配置，提高文化产业的竞争力和生产效率。二是产业结构差异化促进文化多元化发展。不同地区的产业结构特点和资源禀赋不同，因此产业结构差异化成为文化产业发展的重要趋势之一。通过发展各具特色的文化产业，可以实现文化产业的多元化发展，满足人们多样化的文化需求。三是产业结构变化影响文化市场格局。产业结构的变化会影响文化市场的格局。例如，随着信息技术的发展，数字媒体产业得到了快速发展，它已经成为当前文化产业的重要组成部分。数字媒体产业的兴起和发展，改变了传统文化市场的格局，带来了全新的商业模式和消费者群体。四是产业结构演进推动文化产业集聚发展。随着城市化进程的加速和产业集聚的形成，文化产业也开始向着集聚化方向发展。通过建立文化产业园区和基地，可以吸引更多的文化企业和机构入驻，实现文化产业的集约化发展和规模效益。

3. 政府支持

政府支持影响人工智能时代文化产业效率的作用机制主要包括以下几个方面。一是财政投入。政府可以通过设立文化产业专项资金、税收优惠等方式，为文化产业的发展提供财政支持。这些资金可以用于扶持重点文化企业、推动文化创新、培养文化人才等方面。二是法律保护。政府可以制定相关法律法规，加强对文化产业的保护和管理。例如，可以出台《著作权法》《电影产业促进法》等法律法规，维护文化企业的合法权益，营造良好的市场环境。三是政策引导。政府可以通过制定产业规划、出台行业标准、举办论坛活动等方式，为文化产业的发展提供政策引导和支持。例如，可以组织文化产业博览会、艺术节等活动，推广文化品牌和文化形象，提升文化产业的知名度和影响力。四是公共服务平台建设。政府可以建立各种公共服务平台，为文化企业和从业者提供信息咨询、技术支持、市场拓展等方面的服务。例如，可以建设数字图书馆、音乐厅、演艺中心等文化设施，为公众提供高质量的文化服务。五是人才培养和交流。政府可以加强人才培养和交流，为文化产业的发展提供人才保障。例如，可以建立文化产业学院、实验室和研究基地，培养文化创意、科技研发、经营管理等方面的人才，同时也可以开展国际文化交流活动，增进不同国家和地区之间的文化了解和友谊。

4. 文化市场需求

文化市场需求对文化产业效率的影响主要表现在以下几个方面。一是拉动文化产业发展。文化市场需求是文化产业发展的重要推动力量。它可以直接带动演出、娱乐、艺术品等文化产业的发展，并且刺激消费者的消费欲望，从而促进文化市场的繁荣。二是促进文化产业转型升级。文化市场需求的多样化和个性化趋势，要求文化产业不断进行转型升级，以适应市场需求的变化。通过满足消费者的需求，可以推动文化产业向着高端化、特色化和创新化方向发展，提高文化产业的核心竞争力。三是推动经济增长。文化市场需求可以为相关产业带来巨大的经济效益，例如，演出活动可以带动旅游、餐饮、交通等相关产业的发展。同时，文化市场需求也可以培育新的经济增长点，例如数字文化产业。四是引导文化消费。文化市场需求可以引导人们的文化消费方向和消费结构，从而促进文化消费的增长。例如，随着网络技术的发展，网络文化消费成了一种新的文化消费方式，这也反映了人们对文化消费的多元化和个性化需求。

5. 人工智能技术发展水平

人工智能技术发展水平对文化产业效率的影响机制主要表现在以下几个方面。一是推动文化创新。科技的发展可以为文化产业注入新的元素和活力，推动文化创新。例如，数字技术的应用可以使得文化产品更加生动、形象和富有想象力，从而吸引更多的消费者。二是拓展文化传播渠道。科技的发展可以为文化产业提供更广阔的传播渠道和交流平台，例如网络媒体、社交媒体等工具可以使文化产品跨越时空限制进行传播，从而扩大文化影响力。三是促进产业转型升级。科技的发展可以推动文化产业向着高端化、特色化和创新化方向发展，提高文化产业的核心竞争力。例如，通过智能化设备和技术的应用，可以提高文化企业的生产效率和品质管理水平。四是培育新兴产业领域。科技的发展可以催生出许多新兴产业领域，例如虚拟现实、人工智能、"互联网+"、云计算等。这些领域的兴起可以带动相关文化产业的发展，成为文化产业新的增长点。综上所述，技术发展水平对文化产业的影响是多方面的。通过不断推动科技创新，可以为文化产业注入新的活力和动力，推动文化产业向着高端化、特色化和创新化方向发展，提高文化产业的核心竞争力，同时也可以培育出许多新兴产业领域，促进文化产业的繁荣发展。

6. 经济发展水平

经济发展水平对文化产业效率的影响机制主要表现在以下几个方

面。一是推动文化消费需求增长。经济发展可以提高人们的购买力和消费意愿，从而促进文化消费需求的增长。例如，随着收入水平的提高，人们对文化产品和服务的需求也会相应增加，这将会带动文化产业的发展。二是促进文化产业升级。经济发展可以为文化产业提供更多的资金和技术支持，推动文化产业向着高端化、特色化和创新化方向发展，提高文化产业的核心竞争力。例如，数字技术的应用可以使得文化产品更加生动、形象和富有想象力，从而吸引更多的消费者。三是培育新兴产业领域。经济发展可以催生出许多新兴产业领域，例如数字文化产业、网络游戏、电子竞技等。这些领域的兴起可以带动相关文化产业的发展，成为文化产业新的增长点。四是拓展市场空间。经济发展可以拓展文化产业的市场空间，吸引更多的投资和消费者。例如，随着国内市场的不断扩大和国际市场的开放，文化产业的市场空间将会得到进一步拓展。综上所述，经济发展水平对文化产业的影响是非常重要的。通过不断提高经济发展水平，可以促进文化产业的升级和转型，拓展市场空间，吸引更多的投资和消费者，从而实现文化产业的繁荣发展。

8.2　模型构建与变量选取

本节以上述人工智能时代文化产业效率影响因素的识别为基础，选取2015~2019年我国31个省（区、市）为研究对象，构建面板数据模型，检验影响人工智能时代文化产业效率的因素，为寻找制约人工智能时代文化产业效率的因素、提出提升文化产业效率的对策建议奠定实证基础。

8.2.1 模型构建

常用的面板回归模型分为混合回归、固定效应、随机效应三种。混合回归模型假定对于任何个体和截面，回归方程的截距项和斜率都相同。固定效应模型分为个体固定效应模型和时间固定效应模型。个体固定效应模型假定对于每个个体，回归方程的斜率相同；时间固定效应模型假定对于每个截面，回归方程的斜率相同。随机效应模型与固定效应模型类似，但固定效应模型假定随机项与解释变量相关，随机效应模型则假定随机项与解释变量不相关。遵循数据的趋势分析结果，文化产业效率在时间和空间上均存在较大差异，选用混合回归模型明显不合适，因此我们将在固定效应模型和随机效应模型中进行选择，采用的检验方法为 Hausman 检验。Hausman 检验是用于识别模型是随机效应模型还是固定效应模型，检验的原假设是"个体效应与解释变量不相关"。若拒绝原假设，则选择固定效应模型；反之，则选择随机效应模型。检验结果如表 8-1。

表 8-1　Hausman 检验

	统计量	p
Hausman 检验	5.78	0.448

根据 Hausman 检验结果可知，$p=0.448>0.1$，故不能拒绝原假设，选择随机效应模型。对此，本节构建面板数据随机效应模型，选取文化产业效率作为被解释变量，选取文化产业效率的各类影响因素作为解释变量，具体模型如下：

$$CULT_{it} = \beta_0 + \beta_1 URB_{it} + \beta_2 ISE_{it} + \beta_3 GOV_{it} + \beta_4 NEED_{it} + \beta_5 \ln TECH_{it} + \beta_6 \ln GDP_{it} + \mu_{it} \quad (8-1)$$

其中，i、t 分别表示地区和时间，i 为我国 31 个省（区、市），t 为 2015 年、2016 年、2017 年、2018 年、2019 年。URB、ISE、GOV、$NEED$、$\ln TECH$ 以及 $\ln GDP$ 分别表示 31 个省（区、市）的城市化水平、产业结构、政府支持、文化市场需求、人工智能技术发展水平和经济发展水平。

8.2.2 变量选取

面板数据随机效应模型的实现，需要准确选择被解释变量和解释变量。本节以现有研究为基础，结合上节人工智能时代文化产业效率的因素识别，选取以下变量进行实证研究。具体变量设定如下。

1. 被解释变量

文化产业全要素生产率从投入和产出双重角度来度量，可以很好地衡量文化产业效率，本节选择第 5 章测算的文化产业效率作为被解释变量。

2. 解释变量

城市化水平（URB）：本章采用城镇人口数量与总人口数量的比值来表示。

产业结构（ISE）：本章采用第三产业增加值占地区生产总值的比

重来衡量产业结构。

政府支持（GOV）：政府对文化产业效率的促进不仅表现在制度和政策方面，还表现在资金的投入上，本章选取文化与传媒支出占地方财政一般预算支出的比重来衡量政府对文化产业发展的支持力度。

文化市场需求（$NEED$）：本章用城镇居民人均文化消费娱乐支出占城镇居民人均消费支出的比重来衡量城镇居民对文化服务及产品的市场需求。

人工智能技术发展水平（$\ln TECH$）：本章采用各个省份与人工智能相关的专利数量来衡量人工智能技术发展水平。

经济发展水平（$\ln GDP$）：本章采用各个省份的地区生产总值来衡量地区的经济发展水平。

以上各数据主要根据 2016~2020 年的《中国文化文物统计年鉴》《中国基本单位统计年鉴》《中国统计年鉴》整理而得。

3. 变量的描述性统计

基于上述变量的选取，并对人工智能相关专利数量和地区生产总值进行对数化处理后（分别表示人工智能技术发展水平和经济发展水平），我们对变量进行描述性统计，具体如表 8-2 所示。

表 8-2 变量的描述性统计

变量	平均值	标准差	最小值	最大值	样本数
$CULT$	1.058	0.749	0.093	9.391	155
URB	0.593	0.125	0.273	0.924	155
ISE	0.388	0.072	0.16	0.512	155
GOV	0.021	0.008	0.01	0.062	155
$NEED$	0.023	0.006	0.006	0.04	155

续表

变量	平均值	标准差	最小值	最大值	样本数
ln*TECH*	3.911	1.625	0	7.94	155
ln*GDP*	9.823	0.979	6.95	11.59	155

8.3 实证分析

本章采用面板数据随机效应模型对人工智能时代文化产业效率的影响因素进行分析，以期获得制约人工智能时代文化产业效率的因素，模型估计结果如表 8-3 所示。

表 8-3 中国文化产业效率影响因素模型估计结果

变量	模型估计结果
URB	1.483** （2.14）
ISE	−0.751 （−0.71）
GOV	16.313* （1.71）
NEED	−8.088 （−0.54）
ln*TECH*	0.216** （2.09）
ln*GDP*	0.285* （1.69）
常数项	−1.64 （−1.25）

注：*、** 分别表示参数对应的 p 值在 10%、5% 的统计水平下显著，括号内为 t 统计量。

从城市化水平（URB）来看，城市作为技术、人才等生产要素的集聚地，城市化进程的加快会带动各种生产要素的集聚，对文化产业的发展有很大的促进作用。通过实证结果可以发现，在5%的显著性水平下，中国31个省（区、市）的城市化水平对人工智能时代文化产业效率的提高能够产生一定影响，且影响是正向的。城市化水平每提高1个单位，人工智能时代文化产业全要素生产率提高1.483个单位。因此，在人工智能时代促进文化产业发展、提升文化产业效率，应该注重城市化进程，进一步推动城市化水平提升，集聚人才、技术等生产要素，为人工智能时代文化产业效率的发展打下坚实基础。

产业结构（ISE）的系数未通过显著性检验。这可能是因为我国产业结构的调整，主要是影响了三次产业的结构比例，但是对文化产业的市场竞争以及资源配置的作用影响并不明显，所以导致产业结构对人工智能时代文化产业效率的影响不显著。另外，虽然随着三次产业结构的调整，整个文化产业获得了更多的人力资源、技术以及资金，但是文化产业内部结构极其不合理，导致伴随产业结构调整获得的资源被少数大文化企业所占据，造成资源的过度集中与浪费，使得整个文化产业的效率不随着产业结构的调整而发生改变。

从政府支持（GOV）来看，本节借助文化与传媒支出占地方财政一般预算支出的比重来衡量政府对文化产业发展的支持力度。实证结果显示，政府支持的回归系数在10%的水平下通过了显著性检验，表明中国31个省（区、市）的政府支持对人工智能时代文化产业效率有一定影响，且影响是正向的。政府支持每提高1个单位，人工智能时代文化产业效率将提高16.313个单位，说明政府支持对人工智能时代文化产业效率的提高有着非常大的影响作用，对人工智能时代文化产业全要素生产率起着关键的作用。因此，政府应该在未来的规划中，合理且适度地向文化产业的发展倾斜资源，加大对文化产业发展的支持力度，促进文化产业高质量发展，改善人工智能时代文化产业效率。

从文化市场需求（NEED）来看，本节用城镇居民人均文化消费娱乐支出占城镇居民人均消费支出的比重来衡量城镇居民文化产品及服务需求。实证结果表明，文化市场需求并没有通过显著性检验，这也从侧面反映出人工智能时代中国31个省（区、市）文化市场需求对文化产业效率的改善没有实质性的推动作用。这反映出我国31个省（区、市）城镇居民文化产品及服务需求不足、精神文化需求仍然低于物质需求的现实情况。这是因为我国目前文化产业发展还不够成熟，文化产业服务内容及产品相对单一，这在一定程度上抑制了文化产品及服务的市场需求。但是从城镇居民人均文化消费娱乐支出占城镇居民人均消费支出的比重来看，该比重呈现连年上升的趋势，说明城镇居民对文化产品及服务的需求呈现逐渐上升的趋势，但是整体仍处于较低的水平。因此，人工智能时代文化产业企业应该注重创新，不断丰富文化产业服务及产品种类，扩大文化产品及服务的市场需求，进而推动人工智能时代文化产业效率的提高。

从人工智能技术发展水平（$\ln TECH$）来看，本节采用中国31个省（区、市）每年与人工智能相关的专利数量的对数值对人工智能技术发展水平进行衡量。实证结果表明，在人工智能时代，中国31个省（区、市）的人工智能技术发展水平对提升文化产业效率有一定影响，并且为正向影响，表现为在5%的水平下通过显著性检验。特别是在近年来，随着人工智能技术的迅速发展，文化产业不断与人工智能技术融合发展，促使文化产业不断向数字化、智能化发展，人工智能技术对文化产业的发展也越来越重要，人工智能技术发展水平对人工智能时代文化产业效率的提升有着至关重要的作用。因此，为了促进文化产业向数字化、智能化发展，进而改善文化产业效率，各省份需要注重人工智能技术的发展，促进文化产业与人工智能技术融合发展。

从经济发展水平（$\ln GDP$）来看，人工智能时代文化产业发展的基石是各省份的经济增长水平，较高的经济增长水平不仅能够为各地区的文化产业生产、输出以及创新提供充足的资本要素，也能够有效地推动居民对文化产业服务及产品的市场需求，进而达到改善人工智能时代文化产业效率的目的。从实证结果来看，经济发展水平与人工智能时代文化产业效率之间表现出正向的相关关系，并且在 10% 的水平下通过显著性检验，经济发展水平每提升 1 个单位，人工智能时代文化产业效率增加 0.285 个单位。这说明近年来中国各省份的经济发展促进了文化产业的生产、输出以及创新，同时经济增长也意味着居民收入的增加，在一定程度上推动了文化产业市场需求增长，带动了文化消费，为推动文化产业的发展创造了重要条件，从而提高了人工智能时代文化产业效率。所以，经济发展水平越高，越有利于文化产业的发展，越有利于提高文化产业效率，31 个省（区、市）应该进一步推动经济高质量发展，强化经济增长对文化产业发展的带动作用。

8.4　结论及建议

本章在识别人工智能时代中国文化产业效率影响因素的基础上，基于 2015~2019 年中国 31 个省（区、市）文化产业效率相关数据，构建面板数据模型，实证检验了人工智能时代影响文化产业效率的主要因素。实证结果表明，城市化水平、产业结构、政府支持、文化市场需求、人工智能技术发展水平和经济发展水平均对文化产业效率产生了重要影响。基于上述结论，本章提出以下几条政策建议。

1. 加快城市化进程，促进产业结构优化调整

通过本章的实证结果发现，城市化水平对人工智能时代文化产业效率的提高有促进作用。城市是各类人才、技术等生产要素以及产业集聚的重要区域，同时城市也有地铁、公交车等各类交通设施，便利的交通对各产业的发展也起着举足轻重的作用。当然，城市中也有着相对完备的文化产业基础设施，文化氛围更加浓厚，市场需求也更高。以这些要素为基础，人工智能时代文化相关技术在城市区域的扩散速度更快，文化产业资源配置也更合理和高效，文化产品和服务需求也更高，对文化产品及服务的生产和销售更加容易形成规模效应。因此，推动中国各省份的城市化进程，对提高人工智能时代文化产业效率有积极意义，进而实现中国各省份文化产业的高质量发展。但是城市化进程也应该根据政府总体规划，结合地区实际情况，建立与各省份自身发展情况相适应的发展规划，同时也需要建立在绿色发展的基础上，引导和鼓励资本、人才等生产要素向城市聚集，提高各省份的城市化水平。此外，在推动各省份城市化进程的过程中，各地区也要严格遵循产业演变规律，推动产业结构由要素驱动向创新驱动逐步转变，从而为文化产业的发展注入更多的新鲜血液与活力。

2. 增加政府财政投入，加大对文化企业的金融支持力度

我国文化产业发展整体处于较低水平，与西方发达国家相比，目前仍然缺乏比较完善的市场体系。因此，推动人工智能时代中国文化产业的快速发展，进一步提高人工智能时代文化产业效率，政府的扶持和引导仍然是至关重要的。

第一，提高文化产业支出在政府财政支出中的比重，加大政府对文化产业发展的财政支持力度。政府对文化产业的财政支持主要表现在加强各地区文化产业基础设施建设，因地制宜，充分考虑各地区的文化产品和服务需求，合理规划表演馆、文化馆、图书馆等各类公共文化活动场所等基础设施的数量与空间布局，维修、升级、淘汰一批老旧过时的文化产业基础设施，对文化信息资源共享工程加大支持力度，让各省份文化基础设施得到充分利用，构建高效的文化产业服务网络，促进各文化企业之间、各城市之间、各省份之间文化资源的共享。同时，要加强对基层文化队伍的建设，通过教育普遍提升基层文化队伍的服务质量和管理水平，对文化基础设施实现较高水平的监督和管理，促进文化基础设施发挥更大效用，以优质的服务和管理吸引更多人进一步参与到文化娱乐活动中。另外，各省份应该重视建设具有地方特色的文化企业、文化产业示范基地，打造具有地方特色的文化品牌，可以适当为文化产业企业提供土地优惠政策和税收减免政策，为数字技术以及人工智能技术融合发展的新兴文化企业提供较大力度的支持与孵化，对优秀的文化企业进行表彰和奖励，吸引更多的创新型文化企业诞生。同时对传统文化企业也加大支持力度，支持其与人工智能技术、数字技术融合发展，实现传统文化企业的技术升级改造，鼓励其将发展重点聚焦于文化科技创新项目，通过科技为传统文化企业注入新的发展动力。

第二，加强对文化企业的金融支持，为文化企业的发展提供充足的资本保障。因为文化产业存在一定的特殊性质，所以文化企业一般很难为金融机构提供担保和抵押，这使得一些新兴的小型文化企业以及传统的文化企业面临融资难问题，缺乏充足的资金用于技术研发与创新，阻碍文化企业的技术升级与开发，导致文化产业效率得不到提升。因此，为推动人工智能时代文化产业的发展、提升文化产业效率，各地方政府应该对文化企业适度放宽贷款限制，加大金融支持力度。首先，各地区可以尝试建立一批以国有资本为主导、民营资本参与的文化企业投资公司，为数字技术与人工智能技术融合发展的新兴文化产业和一些传统的重点文化企业提供资金支持，同时鼓励和引导民间资本流向文化产业特定领域。其次，打造高效便捷的文化产业投融资平台，为新兴文化企业、重点文化项目和拥有大量资金的投资者建立直接联系，充分利用民间闲置资本推动文化产业发展。最后，配套相应文化企业融资评估和咨询服务机构，为文化企业以及投资者提供专业的投融资建议和策略；同时鼓励文化企业使用一些衍生金融工具进行融资，也可以通过设立文化产业相关的基金公司，吸纳社会闲置资金，然后投资于重点文化企业以及新兴数字文化企业，为我国文化企业的发展提供贴息贷款以及信贷担保。对金融机构进行鼓励和引导，支持金融机构推出与文化产业相关的信贷产品，例如可以推出相关保险产品降低文化企业的信贷风险、针对文化企业推出无形资产抵押贷款等。总体而言，各地方政府应该通过出台相关政策加大对文化产业发展的支持力度，通过提供资金支持和建立完善的融资渠道为我国文化产业的发展提供专业、有效的融资渠道，吸纳更多的社会资金投入文化产业的发展中，促进我国人工智能时代文化产业效率的提升。

3. 提升人工智能技术发展水平，促进文化产业与人工智能技术融合发展

想要实质性地促进我国人工智能技术的发展、提升人工智能技术发展水平，我们应重点从以下几个方面发力。第一，加大对相关技术的研发力度。人工智能技术发展处于初级阶段，无论是理论还是应用技术都需要不断地进行研究与补充完善，当然这需要多方的共同努力来实现。政府可以通过出台相关政策、减免税收以及提供相关资金支持等来为人工智能企业和机构创造良好的研发与发展环境，人工智能企业或机构可以投入更多资金用于技术研发，同时也可以和高校合作，以产业需求促进高校培养相关人才，源源不断地为企业输送人才，助力人工智能技术发展。第二，随着人工智能技术的不断发展，建立健全人工智能标准体系和规范，可以有效规避人工智能技术发展过程中存在的问题，促进人工智能技术朝着更加统一和规范化的方向发展。这主要通过政府进一步制定和完善相关法律来进行规范，也可以通过整个行业制定相关的行业规范，引导企业加入规范制定中并自觉遵守。政府、行业、企业三者协调配合，共同促进人工智能技术快速发展。第三，加强文化产业与人工智能技术的融合发展。人工智能技术与各个行业的融合发展，可以促进各行业降低成本、提高生产效率、实现市场的精准定位。同样，政府可以颁布相关的政策、提供一定的资金倾斜鼓励传统文化企业进行技术升级，实现人工智能技术与传统文化产业的融合发展，同时也鼓励和支持与数字技术、人工智能技术融合发展的新型文化企业发展，不断探索文化产业新业态、新模式，强化文化企业的创新能力，使文化服务及产品更加具有创意性、吸引力与市场竞争力。第四，培养和引进相关领域的专业人才。我国目前缺乏人工智能技术和文化创意方面的人才，这严重阻碍了人工智能技术与文化产业的融合发展，抑制了人工智能技术发展水平对文化产业效率的促进作用。我们应该重视人才培养，充分联合科研机构、文化企业以及高校来培养人才，重视对传统文化产业从业人员的相关培训。教育是人才培养的根本所在，我国虽然拥有许多高层次院校，但是不能满足人工智能时代文化产业发展的人才需求。这也从侧面反映出我国人才培养机制不全面，学科设置滞后，与现代社会发展所需人才的培养要求存在一定的差异。因此，我国想要培养促进人工智能技术与文化产业融合发展的专业人才，需要高校根据实际需求优化人才培养方案，合理地布局学科设置和管理体系，引进国内外专业人才来强化师资队伍，与文化企业联合培养，重点培养学生过硬的基础能力、理论结合实际的能力以及创新能力。

4. 加快消费需求转型，重视文化需求开发

文化市场需求是影响我国文化产业效率的重要内在变量，对文化市场需求进行挖掘是提高人工智能时代我国文化产业效率的关键手段。随着我国经济社会的快速发展，人们的物质生活水平不断提高，消费需求也逐渐发生改变，精神需求正在稳步上升，文化市场需求潜力巨大。我国在注重推动文化产业本身发展的同时，也应该从市场需求出发，注重对人们的文化消费需求进行培养，转变人们对文化服务及产品的消费意愿；对人们的文化消费需求进行引导，促使人们从物质需求向精神文化需求快速转变。同时，提供文化服务及产品的文化企业应该根据实际的市场需求，针对不同性别、不同年龄、不同消费能力的文化服务及产品消费群体，创新性地设计出能够满足消费群体需求的多种文化服务及产品，满足人们日益增长的精神文化需求，为推动人工智能时代我国文化产业效率发展提供充足动力。虽然目前文化服务及产品的消费主力军仍然是城镇人口，但是也应该充分考虑到农村人口这一庞大的群体也是我国重要的人口组成部分。如果现实中只注重城镇人口对文化服务及产品的需求，忽略农村人口对文化服务及产品的市场需求,将严重阻碍人工智能时代我国文化产业的发展速度。为进一步推动我国各省份文化产业效率的提升,除了重视城镇人口对文化服务及产品的市场需求,开发和挖掘农村地区人口对文化服务及产品的需求势在必行。政府也应该加强对农村偏远地区的网络设施、文化表演馆以及图书馆等文化基础设施的建设,同时要持续推动文化下乡活动,加大文化推广力度,鼓励文化企业走进农村,结合地区特色资源开发农村旅游产业,开拓农村文化产品及服务的消费需求。通过建设和完善农村地区文化产业基础设施,改变农村人口对文化服务及产品消费的认知,培育农村文化消费市场,促进人工智能时代我国文化产业效率的提高。在文化产业生产内容方面,中国各省份文化产业可以加强文化与技术、文化与旅游的深度融合发展,以技术推动艺术业、出版业等传统文化产业的迭代升级,推动形成文化产业发展新业态,实现高质量发展,从而提高文化服务及产品的层次和质量,激活人们对文化服务及产品的市场需求,促进文化市场消费机制的形成与完善。

5. 提高经济发展水平,带动文化产业发展

一是完善市场经济体制,推进完善社会主义市场经济体制是经济发展的根本保障。市场经济是现代经济的基本特征之一,也是我国经济发展的重要特征。在完善社会主义市场经济体制方面,要继续深化改革,推进市场化改革、法治化建设和国际化进程,使市场在资源配置中起决定性作用,更好地发挥政府作用,加强市场监管,打击不正当竞争行为,维护市场秩序,推动资本、技术、人才等要素的自由流动,为经济发展提供良好的制度保障。二是推进供给侧结构性改革,大力调整生产结构,提高效率,促进经济发展。在当前经济下行压力

加大的背景下,推进供给侧结构性改革是实现经济发展的重要举措。供给侧结构性改革旨在通过调整产业结构、提高创新能力、优化资源配置等方式,提高经济发展的质量和效益,实现经济的可持续发展。同时,要注重提高劳动生产率,促进创新驱动,培育新的增长点,推动经济发展向中高端迈进。三是积极引导和培育新型消费,鼓励创新,加快转型升级,提高经济发展质量。随着消费结构的升级和新兴产业的崛起,新型消费正在成为经济增长的新动力。因此,要积极引导和培育新型消费,鼓励创新,加快转型升级,提高经济发展的质量和效益。同时,要注重培育新的增长点,促进产业升级,推动经济向高质量发展转型。四是坚持开放发展,推进区域经济一体化,加强与国际经济的联系,吸引更多外资和投资。经济全球化是当今世界经济发展的重要趋势,也是我国经济发展的重要机遇。要坚持开放发展,加强与国际经济的联系,吸引更多外资和投资,推动我国经济发展走向国际化。同时,要加强区域经济一体化,推动区域协调发展,促进经济均衡发展。五是加强科技创新和人才培养,提高经济发展的技术含量和创新能力。科技创新是经济发展的重要驱动力,也是提高经济发展质量的关键因素。要加强科技创新,加大科研投入,培养高水平科技人才,提高科技成果转化和应用能力。同时,要注重提高教育质量,培养更多高素质人才,为经济发展提供人才保障。六是加强基础设施建设,提高经济发展的基础支撑能力。基础设施建设是经济发展的重要保障,也是提高经济发展质量的基础。要加强基础设施建设,包括交通、水利、通信等方面的建设,提高基础设施的质量和效率,为经济发展提供坚实的基础支撑。七是推进生态文明建设,改善生态环境,提高经济发展的可持续性。生态环境是经济发展的重要支撑,也是提高经济发展质量的重要因素。要推进生态文明建设,加强环境保护和治理，推动经济发展与环境保护相协调。同时，要注重推进绿色发展，采用清洁能源和低碳技术，提高经济发展的可持续性。八是加强社会建设，提高人民生活水平，促进社会公平正义，实现共同富裕。社会建设是经济发展的重要保障，也是提高人民生活水平和促进社会公平正义的关键因素。要加强社会建设，推进教育、医疗、文化等公共服务体系建设，提高人民生活水平，促进社会公平正义，实现共同富裕。

# 第 9 章
人工智能时代中国文化产业效率变革的制约因素与对策建议

结合前文进行的实证分析，本章将从技术视角和制度视角分析人工智能时代我国文化产业效率变革的制约因素，并根据制约因素为我国实现文化产业效率变革提出相应的对策建议。

9.1 制约因素

9.1.1 技术视角下中国文化产业效率变革的制约因素

人工智能技术与文化产业融合发展促进传统文化产业智能化升级，促使我国文化产业效率变革是近年来文化产业研究的热点话题，这种新兴的经济模式实现效率变革对人工智能技术的创新和应用的需求是巨大的。首先，技术创新和应用的基础是复合型人才；其次，人工智能技术与文化产业融合发展的广度和深度决定了人工智能技术对文化产业效率变革的影响效果。但是，目前我国缺乏复合型人才，人工智能与文化产业融合时间短，融合广度和深度不足，将制约人工智能时代我国文化产业效率变革。

1. 高端复合型人才不足

只有既懂得人工智能技术又了解文化产业的复合型人才才能更好地推进两者更大深度和广度的融合发展，提升人工智能技术在文化产业中的利用效率，从而促进人工智能时代文化产业效率变革。目前，在我国人工智能时代文化产业效率变革中，高质量人才的作用还没有充分发挥。所以，文化产业背景下的人工智能技术复合型人才是我国人工智能时代文化产业效率变革的制约因素之一。

从现状分析来看，我国于2016年才真正进入人工智能时代，人工智能技术发展还不够成熟，学科的建立与打造也刚刚起步。2016年，中国关于人工智能的研究主要集中于自适应系统和大数据技术。Web of Science 核心期刊收录情况显示，2016年我国关于人工智能技术的论文占全部相关论文的27.68%，有关人工智能技术与文化产业融合发展的研究少之又少。同时，近几年人工智能技术被引入文化产业，逐渐促使文化产业业态、组织和空间形态都发生变革，特别是人工智能时代文化产业新业态的催生，文化产业生产端新业态、运营端新业态、营销端新业态、终端设备新业态以及数据新业态的发展需要大量的文化产业和人工智能技术复合型人才，使得复合型人才需求激增。而就2020年末文化及其相关产业从业人数来看，其总人数呈现下降的趋势，专业化的复合型人才也基本保持持平，只是略有下降，所以我国文化产业内与人工智能技术相关的复合型人才供给不足，供需不均衡，仍存在比较大的人才缺口。

从理论分析来看，文化产业技术路径依赖的形成主要取决于经济主体的选择以及过高的转化成本。第一，传统的文化产业与人工智能技术融合发展，可以为传统文化产业注入新动力，促进文化产业生产效率的提升、优化生产内容、拓宽传播渠道，进而在一定程度上有效弥补过高的转换成本。但是，我国目前文化产业与人工智能技术的复合型人才十分缺乏，这无疑增加了企业引进和培养人才的成本，同时也大大增加了文化产业引进人工智能技术的试错成本。第二，根据《2017全球人工智能人才白皮书》数据，2015~2017年，我国对于技术性的高端复合型人才需求增长率达到了200%。近年来，国家虽然逐渐重视对高端复合型人才的引进与培养，但是市场需求激增，仍处于供不应求的局面。文化产业缺乏高端复合型人才，会缺乏创新动力，尤其是人工智能时代的文化产业如果缺乏技术与文化融合的复合型人才，将缺乏创新能力，无法实现生产内容的优化，无法实现传播途径的优化，无法实现文化产业效率的变革，将严重阻碍文化产业的发展。

2. 技术融合程度不深

自2016年以来我国不断出台促进文化产业与人工智能技术融合发展的相关政策法规，我国文化产业与人工智能技术融合发展已经取得一定的成效，但是仅仅局限于比较浅层的应用，还未能实现两者深层次的融合发展，未能促使我国文化产业发生彻底的变革，具体表现如下。

对于传统的娱乐业、新闻和出版业、文化艺术业，以及广播、电视、电影和影视录音制作业的内容生产过程，目前人工智能可以实现简单的自动摘要、自主写作和抽取式新闻写作，并且能够按照设定好的路径简单地模仿人类思考和处理问题。在利用人工智能技术进行信息收集时，人工智能技术可以根据传感器生成用户信息，追踪信息传播路径，并且实现可视化分析。在文化产业视频创意服务中，人工智能技术可以实现视频和文案的自主转换，可以提高图片和相关资源的收集效率。在文化信息传播过程中，人工智能可以结合大数据进行数据收集与分析，然后根据用户的个人喜好和兴趣实现信息和广告的精准推送。在客户管理与市场调研过程中，运用人工智能技术可以实现用户形象的刻画，并且可以通过深度神经网络技术精确感知用户情感变化，从而实现有效的市场营销与客户管理，实现文化产业与人工智能技术融合发展，促使相关文化企业的内容生产成本大幅降低，质量和效率大幅提升，使内容更加生动、更有利于传播，对满足人民日益增长的精神文化需求发挥了重要作用。但是这些实例仅仅是对人工智能技术的直接应用，并未实现两者真正的融合创新，两个行业还处于各自割裂发展的阶段，缺乏融合的广度和深度。

从理论视角分析，传统文化产业内不同的细分行业之间存在技术壁垒，这种技术壁垒来源于文化产业各细分行业对技术的不同需求，但是人工智能技术属于一种普适性技术，它能够以不同形式融入文化产业各细分行业，打破文化产业对传统技术路径的依赖，以人工智能技术促进产业融合发展，为人工智能时代我国文化产业的发展创造新的路径。但是，目前人工智能技术与文化产业的融合发展仅仅是在传统文化产业发展的基础上直接引入人工智能技术，不能将原有的文化产业各个行业之间的市场分割与资源独立现象进行有效的整合。这使得人工智能技术很难在整个文化产业中产生深入的联动作用，从而抑制人工智能技术对文化产业效率变革的促进作用。

9.1.2　制度视角下中国文化产业效率变革的制约因素

政府在促进人工智能技术与文化产业融合发展、文化产业效率变革的过程中主要担负着引导与约束作用。一方面，政府不断推出相关的政策文件，加大投资力度，为人工智能技术和文化产业融合发展提供良好的硬件设施和外部环境，建立人工智能技术和文化产业两者融合发展的完善机制，促进两者深度融合发展，促进文化产业效率变革。另一方面，市场调节也是人工智能技术和文化产业实现深度融合发展的关键推动力量。但是，我国人工智能发展起步较晚，相关政策体系、基础设施和软硬件设备都还不够完善，市场机制的调节作用也未完全发挥出来，这严重制约了人工智能时代文化产业效率变革。

1. 文化科技政策效力不足

文化科技政策既可以在宏观方向上引导文化产业与人工智能融合发展，也可以通过财政政策和税收减免政策为文化产业与人工智能技术的融合发展提供资金支持。国内外研究经验表明，人工智能技术对文化产业效率变革有着正向的促进作用，但是我国的文化科技政策仍不完善，甚至存在缺失情况，具体表现如下。

从现实情况分析，自 2010 年以来，我国政府在文化产业事业发展过程中的投入呈现逐年增长的趋势，但是每年涨幅仅在 0.4% 左右，虽然文化产业在我国发展势头良好，特别是自文化强国战略提出以来，文化产业逐渐在国民经济中占据越来越重要的比重，但是政府相关领域的投资在全部财政支出中所占的比重变化却微乎其微。同时，虽然 2016 年我国进入人工智能时代，国家大力提倡人工智能技术与其他产业融合发展，文化产业也紧随时代潮流，积极寻求将人工智能技术融入文化产业发展中，但是政府对促进文化产业与人工智能融合发展的资金支持并没有大幅提升，而政府的政策引导和资金支持对文化产业引进智能化、数字化设备和人才，实现智能化升级具有决定性意义。

从理论视角分析，政策制度具有一定的强制性，会促使文化产业实现新的制度路径创造。但是，就目前来看，自2016年国家层面出台促进人工智能与文化产业深度融合、文化产业数字化转型的相关政策后，文化产业在新时期遇到了新的发展机遇，不断向数字化、智能化转型升级。从地方角度来看，全国发展水平参差不齐，直到2020年全国已经有29个省份相继出台了促进文化产业向数字化、智能化转型的相关政策，但是仍有西藏、新疆两个自治区受到了经济发展水平、地理环境等因素的制约，相关技术的发展处于停滞状态。以吉林为例，早在2016年吉林就紧跟国家步伐提出了"智慧长春"，随后又在2018年成立了智慧文旅提升调研组，时间间隔长达2年之久。吉林虽然在国家提出发展人工智能等新兴产业的战略规划时第一时间出台建设智慧城市的战略规划，但是具体的实施方法和细则需要一定时间调研与制定。因此，从提出发展人工智能产业到发布促进人工智能与文化产业融合发展的相关政策，再到颁布具体的实施细则经过了一段时间，其融合发展具有时滞性。时滞性的出现会导致政府相关部门的监管和引导也出现滞后现象，从而导致资源很难实现最优配置，甚至出现资源错配，引起资源浪费和成本增加，严重抑制人工智能时代文化产业效率变革。

2. 文化市场体系不健全

为了降低人工智能技术在文化产业的应用障碍，政府对二者融合发展的监管也十分宽松，但是过于宽松的监管环境必然会导致市场不规范甚至出现市场乱象。按照市场规律，良好有序的市场环境对产业发展有着正向的促进作用，相反，混乱的市场环境对产业发展表现出一定的抑制作用。根据上文实证分析发现，人工智能技术与文化产业融合发展呈现出带状或块状的空间分布特征，不同区域之间文化产业与人工智能技术融合发展存在巨大的差异。同时，区域之间大的市场和资源分割会进一步加剧人工智能技术与文化产业融合发展的不平衡和资源配置的不合理，具体表现如下。

从现实情况分析，首先，中国数字文化产业发展前景持续向好，市场需求不断增加，同时随着我国经济社会的发展，人们对精神文化的需求不断增加，文化产业市场潜力巨大，但是目前传统文化产业的生产力不能完全满足市场需求，存在巨大缺口，因此市场供需关系的调节作用难以实现；其次，我国人工智能技术发展起步晚，发展时间短，技术还不够完善，并且人工智能技术的发展需要丰富的人力和资金作为支撑，能够获得政府资金支持的也只是少部分重点企业，因此在这一阶段，人工智能核心技术和市场份额主要被少数科技巨头公司占据，市场的竞争机制难以显现。

从理论视角分析，市场的自发调节作用作为一种文化产业内在的创新驱动力，能够促使文化产业主体根据外界环境做出自己的选择，实现文化产业诱致性制度路径创造。但是，我国目前人工智能与文化产业只是实现了浅层次的融合发展，相关文化产品和服务创新不足，产品比较单一和同质化。从文化产品和服务的需求端来分析，随着社会经济水平的不断提升，人们生活水平逐步提高，对精神文化产品和服务的要求也逐渐变高，低质量的文化产品和服务已经不能满足我国广大的文化产品消费群体，这会使他们转向国外高质量的文化产品，从而导致国内市场需求缩减。从文化产品和服务的供给端来分析，首先，低质量的文化产品和服务的技术含量低，生产成本低，在投入市场获利后，生产厂商会继续生产同质产品扩大市场份额，缺乏产品创新动力；其次，如果低质量且同质化的产品投入市场后未能获得市场利润，相关厂商出现畏难心理将会退出文化产业市场；最后，由于现阶段人工智能核心技术被少数科技巨头公司垄断，如果这些公司为了巩固眼前利益形成利益集团，寻求市场垄断而不是合理竞争，其他企业就会没有动力进行技术升级和产品创新，进而影响人工智能技术与文化产业的深度融合发展，抑制人工智能技术的普及。当前，我国处于人工智能和文化产业融合发展的初期阶段，新兴市场由于秩序不完善、监管较为松散，出现持续"野蛮生长"的现象。另外，交易成本过高和核心技术掌握在少数企业手中可能会带来市场垄断和利益分配不均衡的问题，导致人们对人工智能技术和文化产业融合发展的市场预期有所降低，从而抑制人工智能时代我国文化产业效率变革。

9.2 对策建议

基于上述分析的人工智能时代文化产业效率变革的制约因素，本章有针对性地提出促进我国文化产业效率变革的对策建议。具体来说，高质量复合型人才是文化产业与人工智能实现融合发展的关键纽带和先决条件；人工智能技术与文化产业的深层次融合能够整合产业资源，提升文化产业效率；完善的政策法规和监管主体为两者的融合发展保驾护航；良性有效的市场作用机制能够自发地调节市场关系，促进人工智能时代文化产业效率变革；加强数字基础设施建设，可以有效加强文化产业基础建设，为文化产业效率提升奠定物质基础；加强区域间文化政策协同，促进文化产业与区域发展协同。

9.2.1 技术视角下促进中国文化产业效率变革的对策建议

1. 完善人才培养体系，构建政产学研培养体系

由 8.1 小节可知，具有文化产业知识背景的人工智能技术复合型人才是推动文化产业和人工智能技术融合创新发展的基础。因此，培养一批既懂得文化产业发展知识，又熟悉人工智能技术的复合型人才是推进我国人工智能时代文化产业融合发展的关键，也是推动文化产业新业态、新组织空间形态和效率变革的先决条件。首先，要培养复合型文化产业人才。文化产业与实体经济的融合离不开文化的基础性作用和科技的支撑。文化产业的教育和人才培养模式是构建文化产业底层基础的核心竞争力。由于文化产业的快速发展，文化产业领域的人才需求与人才供给不匹配。高素质复合型人才是促进数字文化产业自主创新和创造性发展的关键。数字文化产业需求的复合型人才要求高校的学科设置不能单纯地进行计算机技术或是艺术类、文学类的专门教学。可以借鉴清华大学、北京大学、中国人民大学等高校近几年设立的交叉学科培养模式。其中，清华大学的培养模式是集合三大院系的师资，针对单一学科人才难以满足数字文化创意产业要求的现状，建立了"多入口、一平台、多出口"的培养模式，对来自设计、计算机、传媒、物理和生物专业的本科毕业生进行为期 3 年的培养，每名学生由 2 位来自不同院系的导师指导，使学生的毕业作品在不同专业导师的指导下实现技术的跨学科运用，为实现复合型人才的培养探索有效的途径。经过数届毕业生的验证，清华大学已经证实了这种培养方式的有效性。该培养方式应进一步推广为学科教育教学的主流，打破理论教学与实践应用的束缚，深入交流前沿学术，拓宽复合型人才培养渠道，巩固复合型人才培养根基。其次，实施产教融合人才培养模式。鼓励以产教融合模式培养应用型人才的政策，已经从高职院校拓展到研究生培养阶段。单从数字文化产业人力资源开发的角度来看，这一政策和相关政策有利于充分调动并挖掘文化产业人力资源。产教融合模式通常是指与传统文化实体企业签订合作协议，高校和企业深度合作，将课程成果实现商业化，为高校人才提供实践经验。这种双向模式不仅有利于数字文化产业新人才的培养，还能为区域文化产业链中的传统文化产业转型实现人力资源上的先行升级，也有利于引进和储备具备专业技能和文化素养的高素质应用型人才。在政策上除了进一步推行鼓励政策，加深产教融合，还要督促升级高校教学质量评价体系，以技术能力、基本素养和项目执行等多种因素为评判依据，形成符合产教融合人才培养逻辑的质量评价体系，使产教融合在数字文化产业的人力资源利用上更有效地发挥作用。

从国家视角分析，应该以文化产业人才市场需求为基础，构建顶层设计，发布加快我国文化产业与人工智能技术融合发展的复合型人才队伍建设的政策文件。首先，与高校合作，积极推进人工智能基础学科和应用学科建设，要求高校建立和完善符合市场需求的人才培养体系和差异化的人才培养方案，为人工智能时代文化产业的发展持续输出复合型人才；其次，鼓励企业建立自身的人才培养机制，不断为自身发展提供所需的人才，同时积极推动企业与高校实现产教融合，将理论与实际相结合，为文化产业生产、运营、销售等全过程提供高质量人才。

从企业视角分析，文化产业企业之间的合作或者交易往来能够直观地反映各个文化企业对各类人才的需求，同时企业之间的合作和往来有利于企业之间形成对人才的统一认知，有助于制定文化产业用人标准，为人才培养提供指导，为人才在企业之间的流通提供便利。此外，现阶段许多数字化人才和网络技术人才体现了一种"干中学"的人才培养模式，因此，对于文化产业和人工智能技术结合的复合型人才也需要企业对员工采取这一模式，让员工在工作中不断学习，从而提升自己的技术水平和创新能力。同时，企业也需要不断引进技术人才和高水平管理人员，全面提升企业人才队伍质量。

从人才培养教育机构分析，高校首先应该强化自身的师资力量建设，不断从国外引进高水平人才，为我国文化产业和人工智能融合发展培养高水平复合型人才。另外，国内高校之间以及国内与国外高校之间可以建立人才交流机制，促进人才之间的交流合作，也可以缓解高校引进人才的压力。

从人才视角分析，目前我国人工智能技术和文化产业复合型人才的数量十分缺乏，并且在人才存量一定的基础上，可以通过加强企业之间、地区之间的人才流动来弥补人才缺口；还可以通过出台人才扶持政策、构建人才交流学习平台，逐渐提升复合型人才数量和质量。

综上所述，在人工智能实现文化产业效率变革的过程中离不开高端复合型人才的引进与培养，只有在不同的维度下充分调动人才的主观能动性，加强复合型人才建设，才能够打破传统文化产业的路径依赖，实现文化产业效率的变革与长足发展。

2. 搭建信息互通平台，深化技术融合程度

人工智能的新兴活力和创新驱动力是促进人工智能时代文化产业效率变革的推动力。一方面，文化产业与人工智能技术融合发展有助于将人工智能的技术创新运用到文化产业生产中，促进传统文化产业服务和产品创新，为传统文化产业赋予智能化因素，提升产品和服务

生产效率与质量，不断创新文化产品和服务，满足人们的个性化需求。政府通过政策引导促使文化产业引入人工智能技术，实现产业融合发展；高校通过引进国外高水平人才和实施产教融合的培养模式培养市场需求的复合型人才，为文化产业和人工智能融合发展、文化产业效率变革提供良好的学科基础和充足的专业人才储备。

另一方面，文化产业与人工智能融合发展可以激活传统文化产业内部的技术创新，发挥人工智能技术的连接纽带作用，改善文化产业资源配置，降低文化产业创新成本，促进效率变革。本章指出，构建文化产业与人工智能产业之间以及产业内的信息交流平台，可以促进产业之间相互交流、相互了解，实现深层次的融合发展。首先，产业信息交流平台可以实现文化产业与人工智能产业的信息共享，有利于人工智能产业为文化产业提供技术支持，同时有助于文化产业向人工智能产业反馈技术需求，降低交流成本。其次，产业内的信息交流平台，可以实现文化产业内不同细分行业以及相同行业的信息交流，依托人工智能技术打破传统文化细分行业的技术壁垒，促进文化产业内部资源优化配置和技术共享。例如，文化产业 IP 的打造，打破了原有影视剧市场、漫画市场、游戏市场和文学市场之间的技术壁垒，促进了各个细分行业的融合发展。所以，站在政府的视角分析，需要加快产业、行业信息交流平台建设，加大资金和技术投入，提升信息交流质量和效率，从而加快文化产业与人工智能融合发展，提高人工智能技术创新在文化产业中的实际应用；站在企业的视角分析，不同产业或者不同行业企业可以通过信息交流平台进行技术交流，或者企业之间可以通过合并、并购或者加盟的方式实现人工智能技术与文化产业的直接融合，在一定程度上可以减少技术研发成本，降低进入风险，实现优势互补。

3. 加强数字基础建设，提升文化产业基础建设水平

数字基础建设在文化产业中的应用是构建新型文化产业空间结构、转变文化产业发展理念、推动文化产业空间高质量发展的关键支持。数字基础建设有效促进了新兴文化产业观念创新、新兴文化业态培育、传统文化产业的数字化转型、数字文化资源传播、产业链现代化建设升级。由数字基础建设带来的配套技术设施建设、前沿技术和创新环境，促进了"文化+科技"融合式产业的爆发式增长。数字基础建设着眼于技术端，以其在技术、理念、领域、模式等方面具有代表性的特征，引领文化创新理念和方向的前端。数字技术底座，也是文化产品和服务新型应用空间场景塑造的依托，有效地推动了数字化、智慧化发展，加速了文化产业领域中新旧动能转换，进而在推进文化产业全方位转型增值和高质量发展中发挥了关键作用，加速了传统和新兴文化产业的深度空间融合，快速推进了文化产业领域的数字基础建设。

第一，在现有基础上，完善信息通信、宽带网络等数字基础设施，加快数字基础设施完善速度。人工智能时代文化产业的发展对信息通信和互联网设备等数字基础设施有较强的依赖性，由此，各地政府应该积极响应，贯彻落实国家的网络强国战略，对于工业互联网、物联网、大数据中心、人工智能以及5G基站等数字基础设施进一步加快建设步伐，促进其服务质量和普及程度进一步提高，为技术创新和信息传输增速增效提供基础保障，充分释放信息要素和技术要素的红利，为人工智能时代以数字技术、人工智能技术为核心的文化产业更好地接受环境福利效应打下良好的基础，推动文化产业与数字技术实现融合发展。

第二，各地区应该因地制宜，以自身所处的环境为基础，借助自身的区位优势建设数字基础设施，不断缩小各个地区之间的数字基础设施差距，更好地发挥数字基础设施对各个地区文化产业发展的促进作用。我国政府在区域数字基础设施建设的布局规划中，应该结合各个地区不同的优势和特色制定相应的发展策略，特别是针对经济、文化以及技术落后地区的数字基础建设应该加大投入力度，加速推进数字基础设施建设，提升数字化水平，促进区域数字基础设施均衡发展。我国东部地区数字产业基础强大，在数字基础设施数量和质量方面都遥遥领先，在我国文化产业的发展过程中肩负着重大基础研究、关键技术突破的创新性任务。同时，可以通过加大对西部地区数字基础设施建设的投入力度，促进西部地区数字文化产业发展，发挥数字文化产业的后发优势。促进中西部地区产业关联发展，强化数字技术对文化产业的驱动作用，保障人才、资金、专利、信息、知识以及数据在各个地区之间流转，改善数字文化产业发展的区域失衡问题，使得以数字技术为核心的数字文化产业发展产生最大的社会福利和经济效益。

第三，全面推进大数据综合试验区建设，全面实施"宽带中国"战略，逐步在全国范围内完善文化基础设施。应该充分认识到数字基础设施建设对数字文化产业发展的促进作用，对东部地区、试验区的成功发展经验进行总结，为制定更有效的数字文化产业发展对策积累多样化和规律性的经验，通过进行技术交流、设立专项基金以及提供政策扶持等方法来贯彻并实施政策工具，以此为基础进行持续推进，逐步尝试扩大大数据综合试验区的试验范围，以数字基础设施建设为数字文化产业打造优质发展环境，提高文化产业与数字产业融合发展的广度与深度，推动形成有区域特色的数字文化产业竞争优势。

第四，各区域政府需要加大对数字基础设施建设的投入力度。在数字文化产业成为文化产业高质量发展重要推动力的情况下，政府加大投入力度，加快数字基础设施建设，特别是在人工智能推广、大数据模式构建以及 5G 基站的商用等方面加快步伐，挖掘技术优势带来的文化产业发展红利。数字基础设施建设与政府财政支持力度呈现出边际效应递增的非线性特征，所以可以以完善数字基础设施布局来缩小区域文化产业发展差异，加大对欠发达地区的政策和资金支持力度。我国经济文化发展相对滞后的地区多位于西部地区，因此国家要适度向西部地区做出政策倾斜，推动西部地区数字基础设施建设和完善，这样更有利于促进西部地区数字文化产业发展，增强西部地区数字文化产业的发展动力，缩小区域之间的发展差异，推动区域文化产业协同发展。

因此，要以数字技术为底层依托，高效推动文化产业空间结构数字化，主动对接数字基础建设，不断更新升级文化产业空间布局的云数据、网络节点、端口类等基础设施技术，优化数字基础建设赋能文化产业空间发展的机制，推动人工智能与文化产业融合发展。

9.2.2 制度视角下促进中国文化产业效率变革的对策建议

1. 加强政府支持引导，加大政府资金投入

自 2016 年以来，我国政府在促进文化产业与人工智能技术融合发展、文化产业效率变革中扮演着极其关键的角色。一方面，政府出台了许多政策文件大力提倡两者融合发展；另一方面，政府在放松监督的基础上最大限度地规范市场秩序，调动市场的自发调节作用，从

而消除人工智能与文化产业的隔阂与壁垒,实现文化产业发展的柔性化、人工智能与文化产业融合环境的优良化。

在政策方面,国家不仅需要从宏观视角出台促进文化产业与人工智能技术融合发展的产业政策,还需要提供资金支持领导地方政府实现观念转变,重视文化产业。推动人工智能技术与文化产业融合发展不是一个短期就能实现的过程,需要长远的战略目标和持续的政策支持。并且推动人工智能技术的发展不仅可以促进文化产业效率提升,而且对整个城市各个产业都有一定的正向影响,对人工智能时代文化产业转型发展具有重大意义。从地方视角分析,各地方政府应该在国家政策的引导下,考虑资源整合难度、市场交易成本、环境因素、地理因素、经济发展水平和技术发展水平等多重因素,展开实地调查,因地制宜,选择适合本地的人工智能细分行业先行发展,并制定相关政策。另外,地方政府之间也应该加强交流,以先实行人工智能和文化产业融合发展的地区带动落后地区,重视经验借鉴,提高政府效率,减少繁杂的审批程序,减弱时滞性对文化产业效率变革的抑制作用。

从政府投资方面分析,政府需要进一步加大对文化产业和人工智能技术的资金支持力度。要加快文化产业、人工智能产业基础设施和信息交流平台建设,完善市场机制,让企业能够吸纳社会资金完善企业内部设施,提升企业技术创新能力。另外,完善"新三板""科创板"融资制度,拓宽中小微企业融资渠道,让具有发展潜力的科技公司、文化企业能够获得充足的资金,使企业能够完成技术创新,向数字化、智能化转型。

2. 完善市场体系,发挥市场机制作用

强调通过市场机制促进市场良性竞争,但是这并不意味着完全抛

开政府监管，市场机制是以政府监管为前提，只有两者相辅相成才能发挥最佳效果。首先，加快完善监管的法律法规和执法队伍，加强对文化产业和人工智能技术融合发展所产生的新业态、新组织空间形态以及知识产权的监管和保护。同时，借鉴国外先进发展经验，逐渐完善版权等方面的法律法规，严厉打击盗版行为，保护文化产业服务和产品的内容生产者，促进文化产业实现良性可持续发展。其次，通过建立智能化信息共享平台，实现跨区域、跨产业、跨行业之间的要素流动，打破垄断，提升资源整合能力，实现技术共享、资源共享，使中小企业能够获得充足的资金和技术支持，促进中小企业创新发展，实现对传统文化产品和服务的创新升级，扩大市场份额。完善的市场机制可以促进企业实现良性竞争，强化企业创新能力，提升产品的多样性，从而促进人工智能时代文化产业效率变革。

政府的作用是为文化产业和人工智能技术融合发展提供政策引导、适宜的市场竞争环境和基础设施，但是充分发挥市场的作用还需要从市场内部出发。首先，政府在制定相关引导政策时，需要以市场需求为导向，尊重市场供需规律，同时在尊重社会法律、道德和安全底线的基础上，最大限度地放松对其的监管，用市场的作用机制促进文化产业智能化、数字化升级。为了满足近年来我国文化产品和服务消费群体多元化的消费需求，我国文化产业逐渐实现了"文化+金融""文化+旅游""文化+健康"等横向创新发展。其次，不断提升文化产业与人工智能技术融合发展的深度和广度，推出更多的智能文化产品和服务，同时借助人工智能和数字技术实现产销结合，推动个性化、定制化服务，刺激文化产业内生需求，从供给、需求两侧双管齐下，共同发挥文化市场机制的作用，充分发挥人工智能对文化产业的刺激作用，实现文化产业效率变革。

3. 加强区域间文化政策协同，促使文化产业与区域协同发展

区域协调发展战略是文化产业发展的基础战略支柱。从我国公共文化服务资源配置的发展水平来看，我国仍然存在较大的不均衡性，部分区域极化现象较为突出，我国公共文化服务资源配置呈现东西中部地区、发达地区和欠发达地区、城乡地区非均衡和效能低的局面。从文化产业发展的网络结构特征来看，中国正处于初级协调发展至中级协调发展过程中，目前尚未出现优质协调发展、良好协调发展的省份。从文化空间区域差异来看，各省份文化产业与区域经济发展耦合协调度的差异仍然显著。区域差异的存在既由共性因素，如不同省份的经济发展状况、文化产业发展基础、地理优势、交通等引起，又与个性因素，如不同省份文化产业发展功效与区域经济发展功效存在的差异有关。针对文化产业空间结构特征及存在的问题，应从区域间协调发展战略出发，加强区域政策协同，优化文化产业空间结构，形成文化产业立体化的区域布局结构，以促进文化产业的发展。

第一，建立文化产业与区域发展协同增长机制。在区域发展战略规划方面，要在资源禀赋条件与经济社会发展的维度中再加上时空维度，形成文化产业立体化的区域布局结构。既要把已有的文化空间资源潜力挖掘出来，又要注意中心—外围式的文化产业空间结构与经济社会发展目标的一致性，以及与区域经济发展程度的契合度。既不能以牺牲一方利益获取区域的一时繁荣，还要避免相对欠发达区域的过度依赖和发展上的瓶颈。通过中心区域带动周边区域，与一定时空范围内的产业集聚形成良性互动，促进文化产业与区域经济深入发展，建立一个有效的文化产业生产要素与区域经济发展的增长机制。在产业分工互动发展方面，通过文化产业集聚、产业移动、内外文化不断

融合，将文化资源真正转化为实实在在的产业发展资源，产生巨大的物质和精神财富。

第二，打破区域间行政壁垒障碍，促进产业要素流动。厘清各级政府间以及同一层级政府部门间文化产业空间资源配置权责，明确区域间文化资源配置体系与标准，通过行政管理与政策引导突破狭隘的地方利益驱动所形成的价值观，确立区域内部文化资源协调配置政策，将政策的制定放到更大的发展空间，找到自己合适的空间发展定位。通过行政壁垒的消除，形成文化产业空间结构优化并带动地方发展的一系列制度创新、政策创新与组织创新。将中央与地方的文化产业政策有机融合，建立起有效的跨地域超行政的组织协调机制，实现区域间和区域内文化资源共享以及空间结构优势互补，促进公共文化人才、设施等资源在区域间有效流动，从而促使文化产业的空间结构在一定的时空内保持一种空间结构优化的张力，集聚空间文化生产要素，整合空间文化资源，实现布局统筹、区域协调发展、政策制度创新三位一体的联动。

第三，依托区域经济带战略，推动文化政策协同制定。一是促进区域间政策主体协同。政策主体协同是维持公共政策从出台到执行整个过程中完整性与一致性的关键，可以对政策执行不到位和政策理解不全面等问题产生一定的规避作用。促进区域间政策主体协同，首先要建立区域之间的合作交流机制，强化区域间政府以及文化主管部门的交流，增强区域之间政策实施和政策制定的协同合作意识；其次要加大力度对公共政策体制机制进行完善，解决文化政策区域化、部门化以及碎片化的问题，积极引导区域之间、部门之间进行沟通合作，共同制定较为统一的文化产业政策，促进区域之间联动发展。只有当各区域文化产业政策主体部门实现协同合作，才能促进区域间文化产业政策协调，不断缩小区域之间的差距，实现区域之间均衡协调发展。二是强化区域间政策措施协同。文化产业政策要想真正实现区域之间文化产业协同发展，真正发挥政策效果，就必须出台相应的办法促使各类政策相互协同、配合运用。想要提高区域间政策协同水平，首先要从根本上改变各区域政策制定主体部门的意识，使它们充分认识到综合运用多种办法解决政策问题的重要性。在促进文化产业区域协调发展、不断壮大文化产业整体规模的过程中，财政税收政策和人事政策提供的资金和人员支持是文化产业发展壮大的基础，更深层次的是需要向文化产业倾斜的政策以及能够实现区域文化产业协调发展的引导体系。同时，也需要完善的金融体系、较好的金融服务以及针对文化产业优惠的融资政策，为区域间文化产业协调发展提供资金保障，从而提高区域间文化市场的成长力和活力。因此，不同类别政策之间的组合作用是区域间文化产业政策制定过程中应该考虑的重点问题。只有充分发挥不同类别政策之间的协同作用，才能更加有效地实现区域间文化产业协同发展。三是强化区域间政策目标协同。要想实现区域间政策目标协同，首先要对文化产业的特殊性进行充分的研究与探讨，充分认识文化产业的特殊性。文化资源是文化产业的基础，文化创新是文化产业的核心，必须对区域间文化资源进行充分保护，共同构建文化产业园区，引进高层次人才，培育新型文化业态，丰富文化资源，不断进行文化产品及服务的创新，实现文化产业升级，为区域间文化产业创新发展注入新动力，促进区域间文化产业持续发展。所以，区域间文化产业政策目标的设定既要注重区域间的多元化与差异化，也要注重区域间政策目标的协同性。如果只注重某一类文化产业政策目标，对区域间文化产业的持续发展是非常不利的。区域间政策制定主体在对政策目标进行考量时，既需要考虑到文化产业创新和文化资源保护，也要兼顾完善文化产业市场顶层设计这一政策目标，以此为基础促进区域间文化产业持续协调发展。所以，鼓励和引导区域间政策制定部门在政策制定过程中以多元化目标为核心，促进区域间文化产业政策目标的协同。

综上所述，在公平公正的市场竞争环境下，文化产业之间能突破技术与成本的障碍，而市场的内生力量能够促进微观经济主体的主观能动性，实现与人工智能技术的深度融合与创新，从而实现产业业态转化，使文化产业长期持续地发展，实现效率变革。

参考文献

边璐，陈培，张江鹏. 效率、差异与趋势：西部地区文化产业发展评估——基于转型视角 [J]. 文化产业研究，2020（1）：117-133.

蔡芳. 港口集团企业全面预算管理完善对策 [J]. 中国乡镇企业会计，2017（10）：50-51.

车树林，王琼. 数字经济时代文化产业高质量发展的动力变革与路径选择 [J]. 学术交流，2022（1）：114-125+192.

陈建军，葛宝琴. 文化创意产业的集聚效应及影响因素分析 [J]. 当代经济管理，2008（9）：71-75.

成胤钟. 人工智能驱动下的智慧图书馆产业发展研究 [J]. 图书馆学刊，2018，40（10）：117-120.

董金莲，孙鑫，晁恒. 数字创意产业集群的空间组织与发展路径研究——以深圳（龙岗）数字创意产业走廊为例 [J]. 城市发展研究，2022，29（8）：53-60.

董亚娟. 区域文化产业效率的影响因素研究——基于随机前沿模型的分析 [J]. 商业经济与管理，2012（7）：29-39.

樊纲.公有制宏观经济理论大纲[M].上海三联书店,1990.

范朋,晏雄.文化旅游产业统计分类逻辑与统计范围边界[J].统计与决策,2022,38(17):31-36.

范晓男,冯冲,张凤海.中国城市文化产业效率的区域差异性——基于三阶段DEA模型的分析[J].开发研究,2017(4):102-107.

高云虹,李学慧.西部地区文化产业效率研究[J].财经科学,2017(2):112-121.

郭国峰,郑召锋.我国中部六省文化产业发展绩效评价与研究[J].中国工业经济,2009(12):76-85.

郭启光.西部民族地区文化产业发展效率评价[J].东北财经大学学报,2019(5):37-44.

郭淑芬,郭金花.中国文化产业的行业效率比较及省域差异研究[J].中国科技论坛,2017(5):71-79.

郭淑芬,王艳芬,黄桂英.中国文化产业效率的区域比较及关键因素[J].宏观经济研究,2015(10):111-119.

郭玉军,司文.文化产业促进法视角下文化产业界定比较研究[J].武汉大学学报(哲学社会科学版),2015,68(6):93-100.

韩海彬,王云凤.中国文化产业效率与全要素生产率分析——基于MinDS模型和Malmquist生产率指数的实证研究[J].资源开发与市场,2022,38(4):391-398+419.

何里文,袁晓玲,邓敏慧.中国文化产业全要素生产率变动、区域差异分析——基于Malmquist生产力指数的分析[J].经济问题探索,2012(9):71-77.

何柳.上海文化创意产业园发展历程及模式分析[J].中国报业,2016(24):19-20.

侯尚法.税收激励、创新补贴与文化企业技术创新[J].深圳大学学报（人文社会科学版），2022，39（5）：51-62.

胡惠林.关于区域文化产业战略与空间布局[J].山东社会科学，2006（2）：5-14.

胡惠林.关于我国文化产业发展战略研究的思考[J].东岳论丛，2009（2）：5-12.

胡慧源，李叶.长三角文化产业集群一体化发展：现实瓶颈、动力机制与推进路径[J].现代经济探讨，2022（9）：117-123.

花建，田野.元宇宙时代城市文化产业的新跨越[J].南京社会科学，2022（11）：154-162.

黄辰洋，吕洪渠，程文思.产业集聚与环境依赖对文化产业效率的影响[J].华东经济管理，2022，36（1）：99-107.

黄岚.5G时代数字文化产业的技术创新与跨界发展[J].出版广角，2020（17）：40-42.

黄永兴，徐鹏.中国文化产业效率及其决定因素：基于Bootstrap-DEA的空间计量分析[J].数理统计与管理，2014，33（3）：457-466.

黄韬慧，贺达.中国文化产业政策演进与"十四五"优化策略[J].南京社会科学，2022（1）：164-172.

江小涓，王红梅.网络空间服务业：效率、约束及发展前景——以体育和文化产业为例[J].经济研究，2018，53（4）：4-17.

蒋萍，王勇.全口径中国文化产业投入产出效率研究——基于三阶段DEA模型和超效率DEA模型的分析[J].数量经济技术经济研究，2011，28（12）：69-81.

揭志强.我国地区文化产业全要素生产率增长状况研究[J].统计与决策，2013（1）：141-145.

金青梅. 西安曲江文化产业集群发展模式分析[J]. 改革与战略, 2010, 26（4）：130-133.

况颖. 深圳创意产业集群网络结构及创新能力研究[D]. 深圳大学, 2019.

乐祥海, 陈晓红. 中国文化产业技术效率度量研究：2000-2011年[J]. 中国软科学, 2013（1）：143-148.

雷宏振, 李芸. 文化产业发展效率时空差异及影响因素分析[J]. 当代经济管理, 2020, 42（6）：50-56.

雷宏振, 潘龙梅. 中国文化产业空间集聚特征研究[J]. 东岳论丛, 2011, 32（8）：114-117.

李凤亮, 宗祖盼. 文化与科技融合创新：模式与类型[J]. 山东大学学报（哲学社会科学版）, 2016（1）：34-42.

李佛关, 郎永建. 城镇化与全要素生产率提升关系实证研究[J]. 企业经济, 2016, 35（2）：179-183.

李建中. 论社会主义的文化产业[J]. 人文杂志, 1988（3）：38-44.

李蕾蕾, 张晓东, 胡灵玲. 城市广告业集群分布模式——以深圳为例[J]. 地理学报, 2005（2）：257-265.

李平. 提升全要素生产率的路径及影响因素——增长核算与前沿面分解视角的梳理分析[J]. 管理世界, 2016（9）：1-11.

李兴江, 孙亮. 中国省际文化产业效率的区域差异分析[J]. 统计与决策, 2013（20）：124-128.

厉无畏, 于雪梅. 关于上海文化创意产业基地发展的思考[J]. 上海经济研究, 2005（8）：48-53.

廖继胜, 刘志虹, 郑也夫. 文化制造业的科技金融支持效率及其影响因素研究——基于长江经济带省际面板数据 [J]. 江西社会科学, 2019, 39（10）: 37-49+254.

刘鹤, 易纲, 宋国青等. 中国经济增长的可持续性 [J]. 管理世界, 1999（1）: 12-31+219.

刘静, 惠宁. 新中国成立 70 年以来文化产业的演变、特征与经验 [J]. 西南民族大学学报（人文社科版）, 2020, 41（2）: 193-199.

刘倩, 王秀伟. 文化产业数字化的关键问题、响应策略与实施路径——基于文化产业创新生态系统的研究 [J]. 西南民族大学学报（人文社会科学版）, 2022, 43（8）: 150-156.

刘雪梅, 杨晨熙. 人工智能在新媒体传播中的应用趋势 [J]. 当代传播, 2017（5）: 83-86.

刘洋, 杨兰. 技术融合·功能融合·市场融合：文化旅游产业链优化策略——基于"多彩贵州"的典型经验 [J]. 企业经济, 2019（8）: 125-131.

罗永忠, 曹海霞. "一带一路"视域下中共党史文化海外传播探析 [J]. 传媒, 2022（17）: 59-60+62.

吕洪渠, 董意凤. 对外开放、城市化与文化产业效率的区域差异 [J]. 华东经济管理, 2018, 32（4）: 62-70.

马萱, 郑世林. 中国区域文化产业效率研究综述与展望 [J]. 经济学动态, 2010（3）: 83-86.

马跃如, 白勇, 程伟波. 基于 SFA 的我国文化产业效率及影响因素分析 [J]. 统计与决策, 2012（8）: 97-101.

潘爱玲, 王雪, 刘昕. 新发展格局下中国文化产业高质量发展的战略思路与实现路径 [J]. 山东大学学报（哲学社会科学版）, 2022（6）: 11-21.

彭继增，徐丽，方怡．融资环境与文化产业效率之谜 [J]．财经科学，2018（7）：37-47．

彭连贵，阎瑞霞，尹淼．上海市文化产业效率及影响因素研究 [J]．中国集体经济，2018（32）：129-130．

齐骥，陈思．数字经济时代虚拟文化旅游的时空特征与未来趋向 [J]．深圳大学学报（人文社会科学版），2022，39（4）：47-55．

祁述裕，王斯敏．把握文化产业集聚发展的特点与趋势 [N]．光明日报，2018-12-03（007）．

钱紫华，闫小培，王爱民．城市文化产业集聚体：深圳大芬油画 [J]．热带地理，2006（3）：269-274．

屈学书，矫丽会．运城文化产业集群发展对策研究 [J]．地域研究与开发，2014，33（2）：83-87．

权东计，任宜欣，朱海霞．共生视角下的大遗址区遗产社区生活圈营造策略研究——以杜陵遗产社区为例 [J]．中国软科学，2021（S1）：198-205．

施爱芹，董海奇，郭剑英．IP 创意视阈下乡村旅游文创的设计价值及互动体验 [J]．社会科学家，2022（3）：50-55．

孙国锋，唐丹丹．文化科技融合、空间关联与文化产业结构升级 [J]．南京审计大学学报，2019，16（5）：94-102．

孙丽华，唐天伟．中国省域文化产业效率测度及分析 [J]．金融教育研究，2015，28（1）：64-69．

王家庭，高珊珊．我国农村文化产业效率评估的实证研究 [J]．江西财经大学学报，2012（1）：81-88．

王家庭，梁栋．中国文化产业效率的时空分异与影响因素 [J]．经济地理，2021，41（4）：82-92．

王家庭, 张浩若. 环渤海地区文化产业技术效率及其影响因素实证研究 [J]. 当代经济管理, 2014, 36（2）: 67-71.

王家庭, 张容. 基于三阶段 DEA 模型的中国 31 省市文化产业效率研究 [J]. 中国软科学, 2009（9）: 75-82.

王猛, 王有鑫. 城市文化产业集聚的影响因素研究——来自 35 个大中城市的证据 [J]. 江西财经大学学报, 2015（1）: 12-20.

王睿华. 基于社会网络分析的文化产业集群系统结构研究 [D]. 西安建筑科技大学, 2016.

王欣, 徐明. 我国四大区域间文化产业发展评价分析——基于 2011—2013 年 31 个省（市）的基础数据 [J]. 江汉学术, 2015, 34（2）: 112-121.

王亚楠, 虞重立. 文化创意产业集群的网络结构与创新知识流动——基于社会网络视角的分析 [J]. 科技管理研究, 2017, 37（11）: 158-163.

王易. 推进文化自信自强 铸就社会主义文化新辉煌 [J]. 红旗文稿, 2022（21）: 25-28.

吴慧香. 中国文化产业生产率变迁及省际异质性研究 [J]. 科研管理, 2015, 36（7）: 64-69.

肖兴政, 冉景亮, 龙承春. 人工智能对人力资源管理的影响研究 [J]. 四川理工学院学报（社会科学版）, 2018, 33（6）: 37-51.

辛国斌. 加快构建市场导向的绿色技术创新体系 [J]. 中国党政干部论坛, 2022（10）: 55-57.

解学芳. 智能技术与制度协同下的现代文化产业体系构建 [J]. 人民论坛, 2022（5）: 114-119.

解学芳, 何鸿飞. "智能+"时代发达国家构建现代文化产业体系的经验——兼及国际比较视野中对中国路径的思考[J].华中师范大学学报（人文社会科学版），2022，61（4）：62-74.

解学芳，张佳琪."智能+"时代现代文化产业体系的健全逻辑：要素协同与数字治理[J].学术论坛，2022，45（3）：110-122.

徐从祥.产业集群创新网络研究——以南京市软件服务业为例[D].南京邮电大学，2013.

薛宝琪.河南省区域文化产业效率空间异质性及影响因素[J].地域研究与开发，2022，41（3）：31-37.

薛东前，万斯斯，马蓓蓓，陈荣玉.基于城市功能格局的西安市文化产业空间集聚研究[J].地理科学，2019，39（5）：750-760.

杨传张，祁述裕.拓荒与深耕：2014-2017年我国文化产业研究综述[J].山东大学学报（哲学社会科学版），2018（6）：167-176.

杨矞.区域特色文化产业的创新发展路径——评《区域特色文化产业发展研究》[J].中国教育学刊，2022（10）：143.

杨祖义.文化产业效率及其影响因素研究——基于DEA-Malmquist指数法和Sys-GMM法[J].宏观经济研究，2016（6）：96-104.

姚雪理，昝胜锋，宋利民.文化产业集群网络结构及其迭代创新研究——以泰山科技文化产业园为例[J].人文天下，2019（23）：16-23.

尹姮，陶宇.英国艺术品市场政策法规评述[J].美术观察，2022（10）：73-74.

于春玲，王迈悦.新时代文化制度建设的顶层设计及实践走向[J].学术交流，2022（4）：38-48+191-192.

袁海，吴振荣.中国省域文化产业效率测算及影响因素实证分析

[J].软科学,2012,26(3):72-77.

袁俊.中国文化产业空间集聚水平及其影响因素研究[J].技术经济与管理研究,2013(11):102-107.

臧志彭,解学芳.人工智能时代文化产业主流价值传播:重塑与建构[J].毛泽东邓小平理论研究,2019(4):48-54+108-109.

曾丹,黄隽.数字化、文化产业集聚与技术创新[J].统计与决策,2022,38(17):119-123.

张国强.分工、专业化与产业组织演进:一个理论分析模型[J].求索,2011(3):5-8.

张仁寿,黄小军,王朋.基于DEA的文化产业绩效评价实证研究——以广东等13个省市2007年投入产出数据为例[J].中国软科学,2011(2):183-192.

张苏缘,顾江.文化产业集聚如何赋能区域产业结构升级——基于城市品牌的中介效应分析[J].江苏社会科学,2022(5):172-181+243-244.

张伟,吴晶琦.数字文化产业新业态及发展趋势[J].深圳大学学报(人文社会科学版),2022,39(1):60-68.

张旭,孙传祥,陈昆仑,戚伟.网络创意群体的地理分布特征与影响因素研究[J].地域研究与开发,2022,41(5):13-18.

赵伟.文化产业数字化发展趋势及路径探析[J].人民论坛,2022(19):107-109.

赵阳,魏建.我国区域文化产业技术效率研究——基于随机前沿分析模型的视角[J].财经问题研究,2015(1):30-36.

赵毅衡.当今艺术产业四大圈层的符号美学分析[J].江西社会科学,2022,42(10):86-94+207+2.

郑琼洁, 成一贤. 文化产业的数字生态与高质量发展路径 [J]. 南京社会科学, 2022（1）: 155-163.

郑世林, 葛珺沂. 文化体制改革与文化产业全要素生产率增长 [J]. 中国软科学, 2012（10）: 48-58.

郑洋洋. 重庆文化产业与科技产业融合的实证分析——基于投入产出表 [J]. 城市, 2018（10）: 61-74.

郑自立. 论我国文化创意产业集群发展的态势、困境与对策 [J]. 学术探索, 2012（10）: 111-115.

郑自立. 文化产业数字化的动力机制、主要挑战和政策选择研究 [J]. 当代经济管理, 2022, 44（9）: 57-63.

周佰成, 阴庆书. 数字技术对我国文化产业效率的影响研究 [J]. 山西大学学报（哲学社会科学版）, 2023, 46（2）: 120-130.

周建新, 谭富强. 大数据如何赋能数字文化产业高质量发展？[J]. 东岳论丛, 2022, 43（10）: 152-162.

周建新, 朱政. 中国文化产业研究 2021 年度学术报告 [J]. 深圳大学学报（人文社会科学版）, 2022, 39（1）: 69-83.

周锦. 数字经济推动文化产业价值共创：逻辑、动因与路径 [J]. 南京社会科学, 2022（9）: 165-172.

周娟. 铜文化产业集群网络中的核心企业与创新——以铜陵铜基新材料产业集群为例 [J]. 宿州学院学报, 2017, 32（8）: 25-29.

庄恒恺. 我国文化产业高质量发展研究——评《文化产业：创意经济与中国阐释》[J]. 广东财经大学学报, 2022, 37（4）: 116-117.

Aghion, P., Jones, B., Jones,C. Artificial Intelligence and Economic Growth[R].NBER Working Paper, 2017:1-57.

Albert, R., Barabási, A. L. Statistical Mechanics of Complex

Networks[J]. Reviews of Modern Physics, 2002, 74(2): 96-97.

Amirkolaii, K.N., Baboli, A., Shahzad, M.K., Tonadre,R. Demand Forecasting for Irregular Demands in Business Aircraft Spare Parts Supply Chains by using Artificial Intelligence (AI)[J].IFAC-PapersOnLine,2017,50(1):15221-15226.

Andy, C., Prat, T. Creative Cities: Tensions within and Between Social, Cultural and Economic Development, a Critical Reading of the UK Experience [J]. City, Culture and Society, 2012, 4(1): 13-20.

Arsenijevic, U. Artificial Intelligence Marketing: Chatbots[C]//2019 International Conference on Artificial Intelligence: Applications and Innovations (IC-AIAI). IEEE, 2019.

Asheim, B. T., Isaksen, A. Regional Innovation Systems: The Integration of Local "Sticky" and Global "Ubiquitous" Knowledge[J]. Social Science Electronic Publishing, 2002, 27(1): 77-86.

Barefoot, K., Curtis, D., Jolliff, W.A.,et al.Defining and Measuring the Digital Economy[R].BEA Working Paper,http://bea.gov/system/files/papers/WP2018-4.pdf,2018-3-15.

Barrio-Tellado, M.J.D., Gómez-Vega, M., Gómez-Zapata, J.D., et al.Urban Public Libraries: Performance Analysis Using Dynamic-network-DEA[J].Socio-Economic Planning Sciences, 2020(4):100928.

Bassett, K., Griffiths,R., Smith,I. Cultural Industries, Cultural Clusters and the City: The Example of Natural History Film-making in Bristol[J]. Geoforum, 2002, 33(2): 165-177.

Bishop, P., Brand, S. The Efficiency of Museums: An Analysis Using Stochastic Frontier Analysis [J]. Museum Management and

Curatorship, 2003, 18(4): 335-354.

Brett, A. G., Patricia, P. M., David, B. A. Clusters, Knowledge Spillovers and New Venture Performance: An Empirical Examination [J]. Journal of Business Venturing, 2008, 23(4): 405-422.

Brynjolfsson, E.The Productivity Paradox of Information Technology[J].Communications of the ACM,1993,36(12):66-77.

Burke, M. E. Knowledge Sharing in Emerging Economies [J]. Library Review, 2012, 60(1): 5-14.

Burke, W.W., Litwin, G.H. A Causal Model of Organizational Performance and Change[J].Journal of Management,1992,28(3):523-545.

Casper, S., Murray, F. Careers and Clusters: Analyzing the Career Network Dynamic of Biotechnology Clusters[J]. Journal of Engineering and Technology Management, 2005, 22(1/2): 51-74.

Cassi, L., Morrison, A., Ter Wal, A.L.J. The Evolution of Trade and Scientific Collaboration Networks in the Global Wine Sector: A Longitudinal Study Using Network Analysis [J]. Journal of Economic Geography, 2012, 88(2) : 311-334.

Child, J. Context, Comparison, and Methodology in Chinese Management Research[J]. Management and Organization Review,2009,5(1):57-73.

Comunian, R., Faggian, A., Jewell, S.Digital Technology and Creative Arts Career Patterns in the UK Creative Economy[J].Journal of Education & Work, 2015, 28(4):346-368.

Cowan, R., Jonard, N. Network Structure and the Diffusion of Knowledge[J]. Journal of Economic Dynamics & Control, 2006, 28(8):

1557-1575.

Currid, E., Williams,S. The Geography of Buzz Art Culture and the Social Milieu in Los Angeles and New York[J]. Journal of Economic Geography, 2010, 10(3): 423-451.

Dangelico, R. M., et al. A System Dynamics Model to Analyze Technology Districts' Evolution in a Knowledge-Based Perspective[J]. Technovation, 2010, 30(2): 142-153.

Dixit, A.K., Stiglitz, J.E.Monopolistic Competition and Optimum Product Diversity[J]. American Economic Review, 1977,67:297-308.

Dobbin, F., Campbell, J. L., Hollingsworth, J. R., et al. Governance of the American Economy[J]. Contemporary Sociology, 1991, 21(4):513.

Drake,G. This Place Gives Me Space: Place and Creativity in the Creative Industries[J]. Geoforum, 2003, (34): 511-524.

Färe, R., Grosskopf, S., Lindgren, B., et al. Productivity Changes in Swedish Pharamacies 1980-1989: A Non-parametric Malmquist Approach[J]. Journal of Productivity Analysis, 1992, 3(1-2): 85-101.

Farrell,M. J. The Measurement of Productive Efficiency[J].Journal of the Royal Statistical Society, 1957, 120 (3):253-290.

Fayoumi, A. Ecosystem-Inspired Enterprise Modelling Framework for Collaborative and Networked Manufacturing Systems[J]. Computers in Industry, 2016, 80(16): 54-68.

Ford, J.D., Ford, L.W. Logics of Identity, Contradiction, and Attraction in Change[J].Academy of Management Review, 1994,19(4):756-785.

Freeman, J., Carroll, G.R., Hannan, M.T. The Liability of Newness: Age Dependence in Organizational Death Rates[J].American Sociological Review,1983,48(5):692-710.

Fritsch, M., Kauffeld-Monz, M. The Impact of Network Structure on Knowledge Transfer: An Application of Social Network Analysis in the context of Regional Innovation Networks[J]. The Annals of Regional Science, 2010, 44(1): 21-38.

Fujita, M., Krugman, P., Venables, A.J.The Spatial Economy: Cities, Regions, and International Trade[M].London:Cambridge Press,2001.

Gay, B., Dousset, B. Innovation and Network Structural Dynamics: Study of the Alliance Network of a Major Sector of the Biotechnology Industry[J]. Research Policy, 2005, 34(10): 1457-1475.

Gordon, I. R. ,McCann,P. Industrial Clusters: Complexes, Agglomeration and or Social Networks?[J]. Urban Studies, 2016, 37(3): 513-532.

Greenwood, R., Hinings, C. Understanding Radical Organizational Change: Bringing Together the Old and the New Institutionalism[J]. Academy of Management Review,1996,21(4):1022-1054.

Hervas-Drane, A., Noam, E.Peer-to-Peer File Sharing and Cultural Trade Protectionism[J]. Information Economics and Policy,2017,41:15-27.

Houghton, S. M., Smith, A. D., Hood, J. N. The Influence of Social Capital on Strategic Choice: An Examination of the Effects of External and Internal Network Relationships on Strategic Complexity[J]. Journal of Business Research, 2009, 62(12): 1255-1261.

Jin, D.Y. Artificial Intelligence in Cultural Production:Critical Perspectives on Digital Platforms[M].Taylor and Francis, 2020-12-01.

Jorgenson, D., Griliches, Z.The Explanation of Productivity Change[J].The Review of Economic Studies,1967,34:249-283.

Kalirajan, K. On Measuring Economic Efficiency[J]. Journal of Applied Econometrics, 1990, 5(1):75-85.

Khalid, M. B., Khalid, S. Rent-Seeking Behaviour: Knowledge Transfer as Informal Control Mechanism in High Technology Alliances[J]. International Journal of Business and Globalisation, 2021, 27(1): 15-31.

Kregzdaite, R., et al. Evaluation of Cultural Sectors in Eu Countries[J]. Transformations in Business & Economics, 2020, 19(3C): 618-636.

Kromann, L., et al. Automation, Labor Productivity and Employment:A Cross Country Comparison[R].CFBR Copenhagen Business School, Working Paper, 2011:1-16.

Kunii, Y., Hino, M., Matsumoto, J., et al. Differential Protein Expression of DARPP-32 versus Calcineurin in the Prefrontal Cortex and Nucleus Accumbens in Schizophrenia and Bipolar Disorder[J]. Scientific Reports,2019,9:14877.

Laamanen, T. ,Wallin, J. Cognitive Dynamics of Capability Development Paths[J]. Journal of Management Studies, 2009, 46(6): 950-981.

Lazzeretti, L., et al. Reasons for Clustering of Creative Industries in Italy and Spain[J]. European Planning Studies, 2012, 20(8): 1243-1262.

Lee, J. Y. Contesting the Digital Economy and Culture: Digital Technologies and the Transformation of Popular Music in Korea[J]. Inter-Asia Cultural Studies, 2009, 10(4): 489-506.

Lewin,K.Field Theory in Social Science[M].New York:Harper & Row,1951.

Li, Q.Estimating a Stochastic Production Frontier When the Adjusted Error is Symmetric[J]. Economics Letters, 1994, 52(3):221-228.

Liu, H., et al. A System Dynamic Approach for Simulation of a Knowledge Transfer Model of Heterogeneous Senders in Mega Project Innovation[J]. Engineering, Construction and Architectural Management, 2020, 28(3): 681-705.

Liu, X., Li, W. Evaluating the Development Efficiency of Cultural Industry by a Bilateral SFA Model[J]. Economic Computation and Economic Cybernetics Studies and Research, 2019, 53(2):257-270.

Mao, W., Koo, W.W.Productivity Growth, Technological Progress, and Efficiency Change in Chinese Agriculture After Rural Economic Reforms: A DEA Approach[J].China Economic Review,1997,8(2):157-174.

Marcel, B. The Open Innovation Paradox: Knowledge Sharing and Protection in R&D Collaborations [J]. European Journal of Innovation Management, 2012, 14(1): 93-117.

Marshall, A.Principles of Economic:An Introductory[M]. London:Macmillan,1890.

Martin, R., Moodysson,J. Innovation in Symbolic Industries: The

Geography and Organization of Knowledge Sourcing[J]. European Planning Studies, 2011, 19(7): 1183-1203.

Masumi,T., Kazuaki,Y. Structural Analysis for Replicating Japanese Cultural Property Braids [J]. Studies in Conservation, 2020 (65):399-410.

Michael, S. D., Christian, R. P. Knowledge Flows through Informal Contacts in Industrial Clusters: Myth or Reality? [J]. Research Policy, 2004, 33(10): 1673-1686.

Mommaas,H. Cultural Clusters and the Post-industry City: Towards the Remapping of Urban Cultural Policy[J]. Urban Studies, 2004, 41(3): 507-532.

Muro, M., Liu, S.The Geography of AI:Which Cities will Drive the Artificial Intelligence Revolution?[R].Brookings Metropolitan Policy Program, http://www.theglobaleye.it/the-geography-of-ai-which-cities-will-drive-the-artificial-intelligence-revolution/,2021-9-25.

Nelson, R.R., Winter, S.G.An Evolutionary Theory of Economic Change[M].Cambridge, MA: Harvard University Press,1982.

Owen-Smith, J., Powell, W. W. Knowledge Networks as Channels and Conduits: The Effects of Spillovers in the Boston Biotechnology Community[J]. Organization Science, 2004, 15(1): 5-21.

Pratt, A.C. Cultural Industries and Public[J].International Journal of Cultural Policy, 2005, 11(1):31-34.

Robertson, P.J., Robert, D.R., Porras, J.I. Dynamics of Planned Organizational Change: Assessing Empirical Support for a Theoretical Model[J]. Academy of Management Journal, 1993,36(3):619-634.

Samuelson, P. Economics[M]. McGraw Hill, 1948.

Scott, A. J. The Craft, Fashion, and Cultural Products Industries in Los Angeles: Competitive Dynamics and Policy Dilemmas in a Multisectoral, Image-producing Complex[J]. Annals of the Association of American Geographers, 1996, 86(2): 306-323.

Sena, V. Total Factor Productivity and the Spillover Hypothesis: Some New Evidence[J]. International Journal of Production Economics, 2002, 92(1): 31-42.

Shahzad, S.J.H., Naifar, N., Hammoudeh, S.,et al.Directional Predictability from Oil Market Uncertainty to Sovereign Credit Spreads of Oil-exporting Countries: Evidence from Rolling Windows and Crossquantilogram Analysis[J].Energy Economics, 2017, 68:327-339.

Snejina, M., Irina, J. Knowledge Transfer between Russian and Western Firms: Whose Absorptive Capacity is in Question? [J]. Critical Perspectives on International Business, 2011, 7(3): 250-270.

Solow, R.M. Technical Change and the Aggregate Production Function[J]. Review of Economics and Statistics,1957,39:312-320.

Song, C.H., Elvers, D., Leker,J. Anticipation of Converging Technology Areas—A Refined Approach for the Identification of Attractive Fields of Innovation[J]. Technological Forecasting and Social Change, 2017, 116: 98-115.

Szulanski, G. The Process of Knowledge Transfer: A Diachronic Analysis of Stickiness[J]. Organization Behavior and Human Decision Processes, 2000, 82(1): 9-27.

Taheri, H. , Ansari, S. Measuring the Relative Efficiency of

Cultural-Historical Museums in Tehran: DEA Approach[J]. Journal of Cultural Heritage, 2013, 14(5):431-438.

Thaler, R.H.From Cashews to Nudges: The Evolution of Behavioral Economics[J].American Economic Review, 2018,108(6):1265-1287.

Throsby,D. The Concentric Circles Model of the Cultural Industries[J]. Cultural Trends, 2011, 17(3): 147-154.

Van De Ven, A.H., Poole, M.S. Explaining Development and Change in Organizations[J]. Academy of Management Review,1995,20(3):510-540.

Veblen, T. Why is Economics Not an Evolutionary Science?[J].The Quarterly Journal of Economics, 1989,12(4):373-397.

Vitaliano,D. Assessing Public Library Efficiency Using Data Envelopment Analysis[J]. Annals of Public and Cooperative Economics, 1998(15):107-122.

Vollmann, T.E.The Transformation Imperative: Achieving Market Dominance Through Radical Change[M].Boston:Harvard Business Press,1996.

Wang, Z.Developing Global Roles for Chinese Leadership: An ASD Theory of Organizational Change[A].In W.H.Mobley, Y.Wang, and M.Li(eds.). Advances in Global Leadership (Advances in Global Leadership, Vol. 7)[C]. Emerald Group Publishing Limited, Bingley, 2012,pp.375-388.

Watts, D. Networks, Dynamics, and the Small-World Phenomenon[J]. American Journal of Sociology, 1999(105): 493-527.

Weick, K.E., Quinn, R.E. Organizational Change and

Development[J]. Annual Review of Psychology,1999,50(1),361-386.

Whitesell, R.S.Industrial Growth and Efficiency in the United States and the Former Soviet Union[J].Comparative Economic Studies, 1994, 36(4):47-77.

Witt, U. Self-organization and Economics—What is New?[J]. Structural Change and Economic Dynamics, 1997,8(4):489-507.

Zaheer, A., Bell, G. G. Benefiting from Network Position: Firm Capabilities, Structural Holes, and Performance[J]. Strategic Management Journal, 2005, 26(9): 809–825.

Zeira, J.Workers, Machines and Economic Growth[J].Quarterly Journal of Economic, 1998, 113(4):1091–1117.

图书在版编目(CIP)数据

创新型文化产业效率变革研究/张肃著. -- 北京：社会科学文献出版社，2023.12
　　ISBN 978-7-5228-2856-5

Ⅰ.①创⋯　Ⅱ.①张⋯　Ⅲ.①文化产业-产业发展-研究-中国　Ⅳ.①G124

中国国家版本馆CIP数据核字（2023）第225139号

创新型文化产业效率变革研究

著　　者 / 张　肃

出 版 人 / 冀祥德
责任编辑 / 高振华
文稿编辑 / 陈丽丽
责任印制 / 王京美

出　　版 / 社会科学文献出版社·城市和绿色发展分社（010）59367143
　　　　　　地址：北京市北三环中路甲29号院华龙大厦　邮编：100029
　　　　　　网址：www.ssap.com.cn
发　　行 / 社会科学文献出版社（010）59367028
印　　装 / 三河市龙林印务有限公司

规　　格 / 开　本：787mm×1092mm 1/16
　　　　　　印　张：17.25　字　数：205千字
版　　次 / 2023年12月第1版　2023年12月第1次印刷
书　　号 / ISBN 978-7-5228-2856-5
定　　价 / 98.00元

读者服务电话：4008918866

版权所有 翻印必究